Tina Lüscher-Richter

ISIS SPRICHT

Octobre 2008

Dear Kathleen

how exciting to share my knowledge with you. And connect to your wonderful spirit with its openness, lightness and humour.

Love Tina

Tina Lüscher-Richter

ISIS SPRICHT

Der neue Mensch –
zum Christus erwacht

NEN-Verlag

Umschlaggestaltung unter Verwendung
eines Seidenbildes von Tina Lüscher-Richter
Titel: FREIHEIT

1. Auflage 2006

ISBN 978-3-0350-4801-8

Weitere Informationen über NENERGETICS,
Kurse, Einzelsitzungen und Ausstellungen
finden Sie unter: www.nenergetics.com
oder persönlich bei Tina Lüscher-Richter,
Telefon: 079 628 60 82 oder
E-Mail: info@tina-luescher.ch

Inhalt

FREIHEIT

Aufrecht und unbesiegbar stehe ich,
in der Erde verankert, im Himmel daheim.
Meine Energie schwingt in die Welt hinaus,
auch ohne mein Tun.
Frei bin ich und strahlend schön,
weil ich aus dem Herzen strahle.
Genährt von Himmel und Erde,
Macht mich die Kraft der Liebe frei.
Frei, aus meiner Mitte zu wirken
Und die Dunkelheit mit meinem Licht zu durchdringen.
Aufgehoben und umhüllt,
Empfange ich von Himmel und Erde
Den Wirbel der Unendlichkeit.

ICH, ISIS, STELLE MICH VOR

ICH, ISIS, BEGRÜSSE dich, liebe Leserin, lieber Leser, ganz herzlich. Ich freue mich, mit DIR auf diesem Wege zu kommunizieren und mich mit dir zu teilen, mich dir mitzuteilen.

Lange Zeit habe ich im Verborgenen gewirkt, und als Kraft, die du ausserhalb von dir wähntest. Du hast mich in ganz frühen Zeiten als die Göttin verehrt, später dann als die Göttin Isis, und wiederum später als Kraft, die in Jesus, dem Christus, wirkte. Immer hast du mich als die gesehen, die Leben spendet und Leben nimmt, und die es ohne dein Zutun wirken lässt.

Nun ist die Zeit gekommen zu erkennen, dass ich ein Teil von dir bin. Ich spreche nun zu dir in dieser Form, weil ich dich einladen möchte, dich als Teil von mir und mich als Teil von dir zu erkennen. Weil die Zeit gekommen ist, wo wir eins werden können – sofern du es zulässt.

Vielleicht wirst du im Laufe der Lektüre dieser Zeilen feststellen, dass du mich auch in diesem Leben schon kennst. Dass ich bereits in dir, in deinem Leben, wirke. Das würde mich ganz besonders freuen. Und wenn nicht, so wird sich dir diese Tür im Laufe der Zeit öffnen und dir offenbaren, dass die Zeit der Trennung vorbei ist.

Du magst dich zuallererst fragen, wer ich denn sei. Wie ich bereits sagte, bin ich die Göttin, allerdings in einer ganz spezifischen Qualität, nämlich der Qualität der Vereinigung. Wie du vielleicht weißt, hat die Göttin viele Gesichter oder Facetten. Meines ist das der Vereinigung, der weiblichen göttlichen Flamme. Die Flamme als der männliche Schöpfungsimpuls, der in meinem weiblichen Schoss befruchtet wurde. So enthalte ich das Männliche im Weiblichen. Ich nähre das Männliche dank meiner Weiblichkeit und offenbare meine Weiblichkeit dank dem Impuls des Männlichen. In mir dürfen beide, das Männliche und das Weibliche, in ihrer Essenz gleichwertig leben und wirken. Und diese Qualität ist es, die ich in dir erwecken bzw. aktivieren möchte. Leben tut diese Qualität ja schon seit eh und je in dir. Nur nicht immer bewusst.

Diese Gleichwertigkeit des Männlichen im Weiblichen drückt sich auch in meinem Namen aus. Mein Name setzt sich zusammen aus zwei gleichwertigen und gleichen Silben: Is-is. Man könnte das I als das Ich BIN des männlichen Schöpfergottes sehen, das S als die weibliche Schlangenkraft, die ihn erweckt und gebärt. In der Verdoppelung zeigt sich die Qualität der Menschwerdung. Menschwerdung verstanden als die Verdoppelung der göttlichen Schöpferkraft. Wie heisst es doch in der Bibel: »... Gott zum Ebenbild.« Mit der Verdoppelung meiner Vereinigungskraft wirke ich somit auch in dir als Mensch, ja ganz besonders in dir als Mensch. Ohne dich als Mensch gäbe es mich gar nicht. Ich bin dank dir und durch dich. Du schenkst mir mein Leben, so wie ich dir dein Leben geschenkt habe und schenke.

Erstaunt dich das? Wohl nur in deinem Denken, in deinem Herzen weißt du es schon lange. Wie sonst könnte Gott leben, wenn es dich Mensch nicht gäbe? Kann es etwas ausserhalb von dir geben? Kann es etwas ausserhalb von Gott geben?

Geliebte Leserin, geliebter Leser, ich lade dich ein, tief durchzuatmen und zu spüren, was ich dir gesagt habe. Atme tief und weit und erlaube dir, zu spüren, dass es nichts ausserhalb von dir geben kann. Ohne dich kann es die Schöpfung nicht geben, denn sie wird dank deiner Wahrnehmung erschaffen und genährt. Was du nicht wahrnimmst, als wahr zu dir nimmst, gibt es nicht. Und so hast du auch mich erschaffen, mich, deine ISIS, deine Vereinigungskraft, die dich auf deinem Weg zur Vereinigung begleitet, leitet und dir den Mut gibt, voran zu schreiten, wenn es schwierig wird.

Ich habe nicht nur dich, liebe Leserin, angesprochen, sondern auch dich, lieber Leser. Erstaunt? Nun, ich spreche zwar als weibliche Schöpferkraft zu dir und scheine damit der Menschenfrau näher als dem Menschenmann, und dennoch wirke ich auch in dir, du männlicher Gottessohn. Ja, wie ich es bereits erwähnte, habe ich in Jesus, dem Christus, gewirkt. Vielleicht erkennst du eine gewisse Ähnlichkeit im Namen: Jesus – Isis. Und damals habe ich mich in einem männlichen Körper inkarniert. Heute inkarniere ich mich im engeren Sinne nicht mehr, weil ich in jedem Menschen wirke und die Menschheit bereit geworden ist, dies zu erkennen und anzunehmen.

Vielleicht hast du gehört, dass viele Christenmenschen die Wiederkunft Christi erwarten. Manche tun es im Aussen, im Sinne einer Wiederholung von damals, andere wissen bereits, dass es um die Auferstehung des Christus im Inneren geht. So könntest du diese Botschaften als Ausdruck meiner Wiederkunft annehmen und erkennen. Ich, Isis, komme nun wieder zu dir, Menschenkind, in dieser Form. Das schliesst natürlich andere Formen nicht aus. Doch teilen alle diese Formen, dass sie dich zum Bewusstsein erwecken, den Christus in dir auferstehen zu lassen. Den Christus in dir zu erkennen und nicht mehr als etwas ausserhalb von dir Seiendes zu suchen. Sie laden dich ein, Christus zu sein.

Ich, Isis, bin die Wiederkunft Christi in deinem Inneren. Begonnen habe ich vor vielen Jahrtausenden als Göttin des Himmels, die von den Menschen auf der Erde verehrt wurde. Verehrt als die Göttin, im Gegensatz zu den Menschen, die mich verehrten. Es bestand, so könnte man sagen, eine riesige Kluft. Die Menschen hatten vergessen, dass sie selbst diese Kraft in sich trugen und nur dank dieser Kraft auch Mensch sein konnten. Natürlich wussten sie, dass sie mir ihre Existenz verdankten, aber sie hatten vergessen, dass ich Teil von ihnen war. Wenn überhaupt, so sahen sie sich als Teil von mir. Sie waren ganz klein und gering, und ich ganz gross. Oder, wenn sie gross waren, dann nur dank mir.

Später dann traten sie in Beziehung zu mir und erlaubten sich, mit mir zu kommunizieren, indem sie mich als Gestalt, als göttliche Figur, dem Menschlichen annäherten. Ich war dann nur noch eine von vielen solchen göttlichen Gestalten, nicht mehr DIE göttliche Kraft. Mit diesem Schritt erkannten die Menschen, dass sich das Göttliche in vielen Gestalten offenbart, und dass das Göttliche etwas Menschliches hat. Wie gesagt, eine Annäherung fand statt. Natürlich immer noch mit dem Gefälle: wir Götter weit oben im Olymp, ihr Menschen da drunten auf der Erde …

Und dann kam die Zeit, wo das Göttliche in der Gestalt Jesu auf die Erde stieg. Der Gottessohn wurde geboren und als Mensch gewordener Gott gefeiert und gefürchtet. Ich hatte beschlossen, mich in einer neuen Weise den Menschen zu offenbaren. Dieses Mal wählte ich die Gestalt eines Menschen, um euch zu zeigen, dass ich mich auch in euch offenbart hatte. Ich wollte euch den Spiegel hinhalten, euch erkennen lassen, dass auch ihr von mir durchdrungen wart. Ihr solltet in Jesus dem Christus euch selbst erkennen. Leider gelang das nicht in einem Schritt, die Angst war noch zu gross, das Vergessen hatte zu lange angedauert. Zu gross – zu lange, damit soll keine Wertung ausgesprochen werden. Vielmehr sollen Qualitäten zum Ausdruck gebracht werden, die Teil eures Weges als Menschengötter sind.

Nun, geliebter Leser, geliebte Leserin, magst du staunen. Warum, so magst du dich fragen, kam ich in Gestalt eines Mannes? In den Urzeiten war ich als die weibliche Schöpferkraft, als die Göttin verehrt worden. Ganz klar: wenn ich die Kraft der Vereinigung bin, musste ich als dieses Weibliche in einem männlichen Körper inkarnieren, um meine Botschaft zu vermitteln. Dass dies, ebenfalls durchaus im Sinne meines Planes, so verstanden wurde, dass ich eine männliche Kraft bin, war Teil des Weges. Es musste ja ein Wechsel stattfinden vom Weiblichen zum Männlichen, denn sonst wäre das Männliche ewig nur das Anhängsel des Weiblichen geblieben und nie zur Gleichwertigkeit erwacht. Und wie es dem Gesetz der Polarität entspricht, schlug das Pendel nun, mit der Geburt Christi, in die andere Richtung aus. Das Männliche wurde in den Vordergrund gerückt, die Menschheit begann, sich am Männlichen zu orientieren.

Und nun komme ich wieder, um dich zum Bewusstsein zu erwecken, dass es das Eine ohne das Andere nicht gibt. Dass es das Weibliche nur mit dem Männlichen und das Männliche nur mit dem Weiblichen geben kann. Dass du als Mensch, du Mensch, diese Vereinigung bist und damit das Grossartigste, was je geschaffen wurde. Du vereinst in dir Schöpfergott und Schöpfergöttin.

Mit meinem Namen offenbare ich diese Qualität der Gleichwertigkeit und Gleichzeitigkeit des Weiblichen und Männlichen in dir als Mensch. Du bist als Mensch aus der Vereinigung dieser beiden Kräfte entstanden und verkörperst sie auf perfekte Weise.

UNSERE ERDENREISE

EINE SCHEINBAR LANGE Erdenreise hast du bereits hinter dir. Für dich war es eine lange, oft auch beschwerliche Reise und oft hast du dich gefragt, wozu und warum. Kannst du dir vorstellen, dass ich es war, die dich auf diese Reise geschickt hat? Dass ich dank dir diese Reise unternehmen konnte, dass du mir diese deine – unsere – Reise ermöglicht hast mit deiner Bereitschaft, die Reise zu unternehmen?

Natürlich könnte ich auch sagen: ich war bereit, diese Reise zu unternehmen. Ich wollte wissen, ja erleben, wie es ist, wenn ich mich in unendlich viele Teile aufteile und diesen Teilen die Möglichkeit gebe, sich als Teile zu erleben.

Und was sie brauchen, was geschehen muss, dass sie sich wieder als das Ganze erleben und erkennen können.

Du kannst also, geliebte Leserin, geliebter Mensch, mir die »Schuld« zuschieben für all deine Mühsal und Qual auf diesem meinem Weg. Und vielleicht hilft es dir, nun zu wissen, dass wir diese Reise gemeinsam unternehmen. Und dass ich immer bei dir, in dir war, auch wenn du es vergessen hast. Auch wenn du als Mensch vergessen hattest, dass ich, Isis, diese Reise initiiert hatte und sie dank dir unternehmen konnte.

So möchte ich dir als erstes von ganzem Herzen danken, dass du dich zur Verfügung gestellt hast für mein Spiel. Dass du bereit warst, aus Liebe, dich von mir zu trennen, um dich nun als Teil von mir wieder zu erkennen. Ich danke dir, du mein Teil, der du mich verlassen hast, dass du bereit warst, mich zu verlassen und damit alles aufzugeben, was du kanntest, alles aufzugeben, was dich ausmachte, um dich auf diese neue Weise nun mit mir zu verbinden und mir so zu offenbaren, wer ich bin.

Ich danke dir, geliebte Menschenfrau, geliebter Menschenmann, dass du diese Reise für mich auf dich genommen hast. Du hast es unternommen, dank des Menschseins mich in allen meinen Aspekten zu spiegeln, mir durch dein Menschsein zu zeigen, wer ich bin. Welche Pracht und Fülle ich in mir trug, ohne es zu wissen. Ja, ich wusste nicht, wer ich bin, bis du dich mir in Menschengestalt offenbartest. Und dafür liebe ich dich in unendlicher Dankbarkeit. Denn du hast mich mir zurück geschenkt, indem du mich verliessest.

Ich sprach davon, dass ich die Kraft der Vereinigung bin. Und vielleicht weißt du aus deiner menschlichen Erfahrung, dass es nichts Schöneres gibt als das Erleben der Vereinigung. Dieses Erleben schenkst du mir! Kannst du nun ermessen, was du mir schenkst? Das Schönste, das Höchste, das Reinste und das Erhabenste.

Vereinigung kann nur geschehen, wenn es zwei gibt, die sich vereinigen können, Die Einheit kann sich nicht vereinigen, sie ist bereits eins. Das ist also das Geschenk, das ich mir machen wollte, indem ich dich auf deine Erdenreise schickte, indem ich uns auf die Erdenreise schickte. In einem gewissen Sinne musste auch ich verlassen werden, musste auch ich mich von dir trennen, um mich wieder mit dir zu vereinigen. So könnte ich dir nun mitteilen, mit dir teilen, dass auch ich einen Prozess durchlaufen habe. Dass wir eigentlich beide, Du als Mensch, und ich als Göttin, den gleichen Prozess durchlaufen haben. Kannst du dir das vorstellen? Kannst du das annehmen? Dass ich dir diesbezüglich gleich bin?

Du siehst, es läuft immer wieder auf dasselbe hinaus: wir sind Facetten des Einen, wir sind gleich, gleichwertig und ebenbürtig. Wir sind Teil des EINEN, wir sind Eins und sind nun bereit geworden, uns als das zu erkennen. Ich darf mich dank dir als Göttin erkennen, und du darfst dich dank mir als derjenige oder diejenige erkennen, die die Göttin in sich trägt und damit auch Göttin ist. Es kann gar nichts anderes als mich geben, es kann gar nichts anderes als dich geben, es kann nichts anderes als UNS geben. UNS im Sinne der Vereinigung. WIR WAREN von ANFANG AN. Und WIR wollten spielen. WIR wollten UNS erleben.

DIE GEBURT DES MENSCHEN

JA, WIR WOLLTEN UNS erleben – und wie sollte das geschehen? Solange wir nur Uns kannten, konnten wir kein Bewusstsein vom UNS entwickeln. Es gab nichts anderes. Natürlich war es wunderbar, wir waren eins und in dieser Einheit waren wir. Punkt. Nun aber wollten wir noch etwas: wir wollten uns kennen lernen. Wir wollten miteinander tanzen, uns begegnen und nicht zuletzt wollten wir kosten, wie es denn sei, nicht uns zu sein. Mit anderen Worten, wir wollten Trennung erleben. Trennung, magst du fragen, wieso denn das? War es uns langweilig? Waren wir übermütig? Nun, von allem ein bisschen. Wir wussten ja, dass es nichts anderes gibt, also hatten wir nichts zu verlieren. Es gab ja nur uns, also konnten wir uns gar nicht verlieren, konnten wir uns nicht trennen, konnten wir im Grunde nichts anderes sein. Aber wir konnten so tun als ob und spüren, wie sich das anfühlt. Ja, man könnte sagen: wir waren neugierig, gierig auf das Neue. Das Neue, das wir noch nicht kannten. Und weil es neu war, weil wir es nicht kannten, konnten wir auch nicht voraussehen, wie es sich, das Neue, entwickeln würde. Klar war einzig, dass wir uns verwandeln mussten. Wir mussten eine neue Gestalt annehmen, die all diese Möglichkeiten des Spielens mit der Trennung anbot. Wir mussten ein Wesen erfinden, das uns die Möglichkeit bot, zu erleben, dass wir nicht uns sind, und auch die Möglichkeit, dieses Uns wieder herzustellen, denn das war ja das Ziel. Ein Spiel, bei dem sozusagen alles auseinander fiel, in dem wir aus der Einheit in die Vielheit uns aufteilten, in dem aus dem Ganzen viele Teile wurden.

Diese Teile wollten sorgfältig, ja optimal gestaltet werden für unser Spiel. Der Mensch, Du Mensch, wurdest geboren.

Du Mensch: optimales Wesen für den Weg aus der Einheit in die Vielheit der Trennung hin zur Wiedervereinigung. Und: es ist uns gelungen, du bist uns gelungen. Besser hättest du gar nicht gelingen können.

Als erstes mussten wir dich mit einem freien Willen ausstatten – das war und ist immer noch dein Trennungsinstrument. Du musstest ja die Möglichkeit haben, dich als Teil zu erleben, als Nicht-Ganzes. Auch das ist uns, wie du weißt, bestens gelungen. So gut, könnte man sagen, dass du bald daran glaubtest und vergassest, dass du einmal ein Ganzes warst. Aber auch das war Teil vom Plan. Denn wie sollten wir uns wieder vereinigen, wenn keine Trennung stattgefunden hatte?

DER FREIE WILLE

JA, DER FREIE Wille: dies war unser grösster Kunstgriff, ein Meisterwerk, würde ich sagen. Ein wunderbares und wundervolles Spielzeug. Und wenn wir von Spiel und Spielzeug sprechen, so gilt, was für alle Spiele gilt: man muss die Spielregeln lernen und kennen und sich auch an sie halten. Und, wie bei allen Spielen, gibt es immer auch Spieler, die dazu bereit sind, und solche, die versuchen, die Spielregeln zu brechen. Beides gehört zum Spiel. Das ist das Wunderbare am Spiel, es gibt eigentlich nichts, was nicht zum Spiel gehört.

So wie, das möchten wir noch einmal betonen, immer klar war, dass es nur Uns gibt. Dass es gar nicht wirklich möglich ist, getrennt zu sein. Das war die Voraussetzung für das Spiel. Damit waren auch die grösseren Regeln klar gegeben. Damit war auch der Kontext gegeben, nämlich der Kontext der Vereinigung aus Liebe. Uns gab es ja nur in der Liebe, das Uns ist nur in der Liebe möglich. Und so war klar, dass das Spiel, das wir uns ausgedacht hatten, nur in der Liebe möglich war, und nur in der Liebe.

Allerdings gehörte zum Spiel, so zu tun, als gäbe es auch so etwas wie die Nicht-Liebe. Wiederum ein Aspekt, der den freien Willen erforderte. Ja, den freien Willen.

Der freie Wille ist das, was den Menschen ausmacht im Vergleich zu allen anderen Lebewesen, die gegenwärtig im Universum existieren. Der freie Wille ermöglicht dir, Mensch, zu wählen. Zu wählen, wie du dich erleben möchtest, was du erleben möchtest, welche Teile der Schöpfung du zu dir nimmst und welche nicht.

Natürlich wollen wir dir nicht verheimlichen, dass du im Grunde genommen keine Wahl hast. Aber wie das bei Spielen so ist: man tut so als ob. Der freie Wille ist, so könnte man sagen, deine Möglichkeit als Mensch, so zu tun, als ob du nicht Uns seiest. So zu tun, als ob du nur ein Teil des Ganzen seiest, als ob du getrennt seiest und getrennt vom Rest der Welt funktionieren und agieren könntest. Der freie Wille ermöglicht dir als Mensch, so zu tun, als ob bestimmte Teile von Uns, oder von dir, nicht zu dir gehörten.

Der freie Wille gibt dir die Möglichkeit zu wählen. Und mit der Wahl machst du dir bewusst, was du wählst. Das war ja die Grundidee vom Spiel: zu erleben, was wir sind. Also mussten wir eine Möglichkeit finden, das Ganze in Teile so aufzuteilen, dass wir sie als solche erleben konnten.

Mit dem freien Willen ist dies möglich geworden. Durch den freien Willen kann ich unterscheiden, kann ich, Isis, in dir als Mensch unterscheiden, wie sich die einzelnen Aspekte meines Selbst anfühlen und sie als solche erleben.

DIE ZEIT

DAMIT DIES NOCH besser möglich war, musste ein weiterer Trick angewandt werden. Nicht nur die Illusion der Trennung dank dem freien Willen musste eingeführt werden. Damit nicht alles überlagert war und wieder zu einem grossen Ganzen verschmolz, mussten wir die Zeit einführen. Die Zeit als Möglichkeit, ebenfalls zu differenzieren. Stell dir vor, es findet alles gleichzeitig statt. Kannst du dann die einzelnen Teile noch erleben?

Natürlich wissen einige von euch bereits, dass es die Zeit nicht wirklich gibt, ebenso wie ihr wisst, dass der freie Wille eine relative Sache ist. Und dennoch ist die Zeit ein weiteres grosses Geschenk von Uns an euch. Oders sollten wir sagen: von uns als Isis-vereinigt an uns als Isis-Mensch.

Die Zeit fächert das Erleben auf. Mit dem freien Willen konntest du dich als ICH erleben. Dank der Zeit nun kam das Element der Beziehung ins Spiel, Beziehung im Sinne von Ich und Du. Im Sinne der Möglichkeit, mich in Beziehung zu den einzelnen Teilen zu erleben. Mit der Zeit kam ein Faktor ins Spiel, der es mir ermöglichte, zwar in Beziehung zu sein, aber zu wählen, wann und wie. Heute oder morgen, gestern oder jetzt.

Ja, das Jetzt. Darüber ist in der letzten Zeit vieles gesagt und geschrieben worden. Und natürlich gibt es im Grunde nur das Jetzt. Auch das wissen bereits viele von euch. Zum Erleben braucht es das Jetzt. Erleben kannst du nur im Jetzt. Mit der Zeit wurde dir die Möglichkeit gegeben, aus deinem Erleben auszusteigen. Ein weiteres Mittel der Trennung, das in einem gewissen Sinne noch wirksamer war als der freie Wille. Was gestern war, gehörte dann nicht mehr zu uns, und was morgen sein sollte, ebenfalls nicht. Da es aber, wie wir vorher gesagt haben, im Grunde keine Trennung geben kann, musste es eine Möglichkeit geben, das Gestern mit dem Heute und das Heute mit dem Morgen zu verbinden. Das Denken wurde geboren.

DAS DENKEN

DAS DENKEN: EINE Folge des freien Willens und der Zeit. Das Erleben der Zeit ist nur aufgrund des Denkens möglich. Stelle dir vor, du könntest nicht denken, dann gäbe es auch keine Zeit für dich, dann gäbe es nur das Jetzt, und das Jetzt, und das Jetzt. Das Denken ist sozusagen der Vorgang, dank dem Zeit erlebbar wird. Und damit wird auch deutlich, dass das Denken einerseits die scheinbar auseinander liegenden Zeiten verbindet und dich gleichzeitig aus dem Jetzt nimmt – ein weiteres Mittel der Trennung.

Ja, man hat das Denken als das Trennungsmittel schlechthin beschrieben und bezeichnet. Ist es das wirklich? Schauen wir doch einmal genauer hin.

Wenn es das Denken, dein Denken im Menschsein, nicht gäbe, gäbe es dann überhaupt die Möglichkeit, mit mir, deiner Quelle, in Beziehung zu sein? Ist es nicht das

Denken, das in einem gewissen Sinne erst Beziehung ermöglicht? Oder anders gesagt: ist es nicht das Denken im Sinne des Reflektierens, das erst Bewusstsein ermöglicht, also genau das, was wir bei unserer Schöpfung anstrebten?

Ja, das Denken ist ein entscheidender Schlüssel. Ein ent-scheidender, ein die Scheidung aufhebender Schlüssel. Dank dem Denken wird uns bewusst, wer wir sind. Natürlich gibt es verschiedene Arten des Denkens, und wie bei allem, was wir geschaffen haben, gibt es den Aspekt, der zur Trennung führt, und den Aspekt, der zur Vereinigung führt.

TRENNUNG UND VEREINIGUNG: ZWEI FACETTEN DES EINEN

HIER IST ES wichtig, etwas Grundsätzliches einzuschieben. Alles, was wir erschufen, hat diese zwei Grundqualitäten des Trennens und des Vereinigens. Wir haben dich, Mensch, so geschaffen, dass alles, was du tust, diese zwei Möglichkeiten beinhaltet. Alle Werkzeuge, die wir dir zur Verfügung stellten, boten diese zwei Alternativen: der Trennung oder der Vereinigung zu dienen. Und da ja die Trennung der Weg zur Vereinigung ist, könnte man auch sagen, dass letztlich alles der Vereinigung dient.

Ja, lieber Leser, liebe Leserin, du wirst dich an dieses Paradox gewöhnen müssen. Das Paradox, dass häufig genau das, was du bis jetzt als Trennung oder als Mittel zur Trennung kanntest, dich zur Vereinigung führt. Natürlich gibt es dabei einen Trick: du musst die Ebene wechseln. Und das ist im Grunde das Spiel: zu erkennen, wann du Mensch bist und wann Quelle, wann Geschöpf und wann Schöpfer.

Dies ist meine Einladung an dich, und der Weg, auf dem ich dich hier führe: immer wieder meinen Standpunkt einzunehmen, um dein Leben und dein Erleben sozusagen aus meiner Perspektive zu erkennen und damit zu erkennen und zu erleben, dass wir, du Mensch und ich ISIS, deine Quelle, eins sind. Dann wirst du vom Leiden erlöst. Dann kann Christus in dir auferstehen, Christus, der die Vereinigung ist.

Doch bevor wir zur Vereinigung und zu Christus kommen, noch ein Wort zum Paradox der Trennung und Vereinigung.

Wie ich schon sagte, dient alles, was wir geschaffen haben, diesem Spiel der Trennung, das zur Vereinigung führt. Stell dir vor, es gäbe nur eins, gäbe nur uns: du könntest niemals die Lust der Vereinigung erleben. Du hättest niemals diese ganze Vielfalt und Fülle erleben können, du hättest auch niemals einen Körper erlebt.

So wird klar, dass der freie Wille letzten Endes einzig den Zweck hat, dir diese Wahl zu ermöglichen: wählst du die Trennung oder die Vereinigung. Und wie es das Gesetz will, musst du zuerst Trennung erleben, um dich vereinigen zu können. Und wichtig ist dabei auch, dass die zwei Teile, die sich vereinigen, nicht gleich sein können, sonst können sie keine Vereinigung erleben. Trennung bedeutet somit auch die Andersartigkeit.

Du siehst, je länger wir gemeinsam unterwegs sind, desto mehr fügt sich alles zusammen zu einem Bild: einem Bild, in dem Alles eins ist und nur getrennt wurde, damit es sich als dieses Eine erleben kann. Und alles, was geschaffen wurde, alles, was zu deinem Menschsein gehört, wurde zu diesem Zweck erschaffen.

Der freie Wille, die Zeit, dein Körper, dein Denken und auch dein Fühlen. Ja, die Polarität überhaupt.

DIE POLARITÄT UND DIE WERTUNG

DIE POLARITÄT, EIN spannendes Kapitel, Ausdruck dieser beiden Wahlmöglichkeiten von Trennung und Vereinigung. Mit der Polarität, so meinst du, begann das Leiden. Das würde ich gern etwas differenzieren. Es ist nicht die Polarität, die dich leiden lässt. Es ist deine Art, mit der Polarität umzugehen, die dich leiden lässt. Du hast die Polarität benutzt, um dich zu trennen, ein weiteres Werkzeug wurde dir in die Hand gegeben: Die Unterscheidung in Pole ermöglicht dir die Wertung. Es ist die Wertung, deine Wertung der Pole, die dich leiden lässt. Man könnte die Wertung ebenfalls als Ausdruck des freien Willens bezeichnen, oder besser noch als Zusammenspiel des freien Willens und des Denkens.

Indem du mit deinem Denken deinen freien Willen ausübst und dich von bestimmten Aspekten der Schöpfung aufgrund deiner Wertung trennst, erlaubst du dir, Trennung zu erleben. Stell dir einmal vor, du würdest nicht werten, wie anders würdest du die Polarität erleben. Du würdest alles Polare ganz einfach als polar, als entgegengesetzt, erleben. Als unterschiedlich, als anders.

Die Sache ist die: irgendwann hast du deine neutrale Neugier auf das Neue verloren. Das Neue war so neu, dass du es nicht einordnen konntest, du musstest es sozusagen von dir weisen: nein, das kann nicht sein, nein, damit will ich nichts zu tun haben, nein, das gehört nicht zu mir.

Nun könntest du versucht sein, zu meinen, das sei ein Fehler gewesen. Aber Fehler gibt es nicht. Wie sonst solltest du dich denn von dir selbst trennen? Es musste ja ein Weg gefunden werden, wie du Dich selbst als Nicht-Selbst erleben konntest. Das geschah über die Wertung.

Die Wertung war sozusagen der Sündenfall, die Wertung war der Schritt aus der Einheit. Freier Willen, Körperlichkeit, Zeit sind alles Werkzeuge, die aufgrund und mit der Wertung zum Einsatz gelangen. Ohne die Wertung allerdings würden sie alle nicht wirklich trennend wirken.

Und nun kann man sich fragen, kannst du dich fragen: kann denn die Wertung mich trennen? Nun, sie kann zu einem ERLEBEN der Trennung führen, Trennung als solche kann es ja letzten Endes nicht geben. Wenn du bedenkst, dass du einmal Alles warst, was ist. Wenn du bedenkst, dass wir einmal eins waren, und wir den Gedanken, den Impuls hatten, aus unserem Einssein eine Vielheit zu machen, so wird dir schnell klar, dass auch diese Vielheit Teil der Einheit sein musste, dass es ausserhalb dieser Einheit nichts geben konnte, dass alles, was geschaffen wurde, aus diesem Urquell erschaffen werden musste, erschaffen worden ist.

Es wird dir schnell einmal klar, dass alles, was ist, immer schon war, in dieser Einheit, dass nur dank der Zeit, dank diesen verschiedenen Tricks, die wir angewendet haben, die Illusion entstand, dass es nicht so war. Die Illusion, dass es so etwas wie Trennung, wie einzelne Teile gibt.

Kommen wir zurück zur Wertung: wie wir bereits sagten, ist es die Wertung, die es dir ermöglicht, in deinem Erleben Abstand zu nehmen, Distanz von einzelnen Aspekten von dir. Ja, man könnte die Wertung als Ausdruck des freien Willens beschreiben. Die beiden sind untrennbar miteinander verknüpft. Die Wertung ist unmittelbarer Ausdruck des freien Willens und macht ihn sichtbar und erkennbar.

Und hier gilt es noch einmal zu betonen: falsch ist daran gar nichts. Wichtig ist nur, zu erkennen, worum es geht. Du bist als Mensch nicht nur frei, jederzeit zu werten, ja, du warst auch dazu eingeladen. Wie sonst hättest du erleben können, was du erlebt hast? Wie sonst könntest du nun den wundervollen Akt der Vereinigung vollziehen, wenn du niemals getrennt gewesen wärest?

Wenn wir, Ich, Isis, und Christus, dich im Nachfolgenden zur Vereinigung einladen, so gilt dies selbstverständlich vor dem Hintergrund oder unter Einbeziehung deines Weges. Auch hier vollzieht sich etwas Wunderbares: solltest du dich zur Vereinigung entschliessen, so ist damit auch dein bisheriger Weg mit all seinen Stationen einbezogen. Wir verlangen nicht von dir, dass du diesen deinen Weg leugnest oder rückgängig machst – oder wertest! Nein, im Gegenteil: du kannst dich nur dort und mit dem vereinigen, was du ganz in Liebe annimmst.

NEUE WAHLMÖGLICHKEITEN

WIE, FRAGST DU dich, kann ich in Liebe annehmen, was ich ablehne? Nun, genau das ist der Weg, den du dir gewählt hast, das Spiel, zu dem du dich entschieden hast. Nur ist dir das nicht immer bewusst. Deshalb wenden wir uns in dieser Form an dich, damit du neue Wahlmöglichkeiten bekommst, ja erkennen kannst.

Wir möchten dir zeigen, dass es auf der Ebene, auf der wir zur dir sprechen, nicht mehr darauf ankommt, wofür du dich entscheidest. Dass es einerlei ist, was du tust, sobald du erkennst, wer du wirklich bist. Sobald du erkennst und annimmst, dass du eigentlich eins bist mit uns, mit mir, Isis, wirst du dein Leben als Mensch als das erkennen, was es ist: als Spiel. Und natürlich gibt es in einem Spiel Regeln zu befolgen, doch ist die Grundqualität des Spiels die, dass es Spass macht. Dass man es als Spiel erkennt. Ein Kind, das spielt, taucht zwar ganz ins Spiel ein, und durchlebt alles, was es spielt, doch – sofern es noch mit der Reinheit seiner Essenz verbunden ist – wird es das Spiel als Spiel erkennen, und kann jederzeit das Spiel verlassen, um zu seiner Essenz zurück zu kehren. Übrigens eine Qualität, die viele der heute geborenen Kinder in besonderem Masse mitbringen.

Wir möchten dir neue Wahlmöglichkeiten anbieten. Wir möchten dir anbieten, dir bewusst zu machen, wer du bist, um so frei zu werden, frei, ganz Mensch zu sein. Indem du erkennst, wer du wirklich bist, kannst du das Menschsein im Sinne des Spiels geniessen und erkennst, dass es keine Rolle spielt, welche Rolle du spielst, weil alles nur ein Spiel ist. Damit meinen wir allerdings nicht, du sollst dich nicht auf dieses Spiel einlassen. Nein, ganz und gar nicht, im Gegenteil. Wenn du weißt, wer du wirklich bist, im Sinne der Wirklichkeit, so wirst du frei, alles zu sein. Dann musst du dich von keinem Teil mehr trennen. Dann darf alles wieder zu dir zurückkehren. Wie das?

DIE GLEICHZEITIGKEIT

Wenn du dir die Gleichzeitigkeit deines Menschseins mit deinem Gottsein erlauben kannst, wirst du frei. Dann musst du nicht länger in deinem Menschsein beweisen, dass du Gott bist, dass du liebevoll, stark, kreativ, reich usw. bist, indem du alles, was dem nicht entspricht, negierst und ablehnst oder gar bekämpfst. Denn damit würdest du ja die Polarität und damit die Trennung aufrechterhalten.

Solange du vergessen hast, wer du wirklich bist, musst du es dir auf der polaren Ebene immer wieder beweisen. Nur ist das weder so gemeint, noch ist das so möglich. Man könnte sagen, es ist wichtig zu erkennen, was wohin gehört. Das Menschsein kann niemals auf die gleiche Weise perfekt sein wie die Einheit. Du kannst als Mensch Einheit nur dann erleben, wenn du gleichzeitig Mensch sein kannst und mit der Einheit verbunden. Sobald du das Menschsein aufgeben musst, um in der Einheit zu sein, kannst du dich nur als getrennt erleben, denn dann trennst du dich von deinem Menschsein. Und das Menschsein gehört untrennbar zu dir.

Du siehst, wir laden dich zu einem etwas anderen Weg ein. Bisher meintest du, du müsstest dein Menschsein ablegen oder überwinden. Es sei das Menschsein an sich, das dich am Erleben der Einheit hindere. Doch das ist eine Falle. Denn es ist nicht das Menschsein, das dich am Erleben des Einsseins hindert, es ist deine Trennung von deinem Menschsein, das dich daran hindert.

Es ist Zeit zu erkennen, dass das Menschsein genauso zu dir gehört wie das Gottsein. Das eine ist ohne das an-

dere nicht denkbar, oder sollten wir sagen, nicht erlebbar! Das Gottsein erlebst du dank deinem Menschsein, und das Menschsein erlebst du dank deinem Gottsein! Da staunst du, was?

Ja, du hast das Göttliche erhöht und das Menschliche erniedrigt, und solange du das tust, wertest du. Und von der Wertung haben wir bereits erfahren, dass sie trennt. Die Trennung, das ganz grundlegende Erleben der Trennung, kann nur aufgehoben werden, wenn Gleichwertigkeit vorliegt. Und in diesem Fall geht es um nichts weniger als um die Gleichwertigkeit von Mensch und Gott. Kein Aspekt ist weniger, keiner ist mehr.

Denn, wenn wir auf unseren ursprünglichen Zustand zurückkommen, so wird schnell klar: alles, was wir geschaffen haben, kann nur uns gleich sein. Wir können nichts schaffen, was nicht uns entspricht, was nicht uns gleich ist, was nicht zu uns gehört. Hast du dir das schon einmal so überlegt?

Alles, restlos alles, ist Ausdruck von uns, Ausdruck unserer Vereinigung, und deshalb kann es nichts geben, was dieser Qualität nicht entspräche.

Und: indem wir, oder besser gesagt, indem du als Mensch es anders erlebtest, ermöglichtest du erst diese Erkenntnis. Du hast sozusagen ausprobiert, wie es ist, wenn man vergessen hat, dass es nichts anderes geben kann als den Urstoff, aus dem alles gewoben ist.

DAS LEIDEN

Warum dann all dieses Leiden, magst du dich fragen? Wie kann es Sinn machen, so etwas Schlimmes zu erschaffen?

Nun, hier verlangen wir von dir einen Quantensprung, und vielleicht bist du schon bereit dazu, vielleicht brauchst du noch etwas Zeit … Du weißt ja, Zeit hilft dir mit der Ausübung deines freien Willens – du entscheidest, wann du in die Einheit, in das Erleben der Einheit zurückkehrst.

Wir haben vorher angetönt, dass das Leiden eine Folge der Wertung ist und damit eine Folge der Trennung. So wäre es nur logisch, davon auszugehen, dass das Leiden aufhört, sobald die Trennung aufgehoben ist, nicht wahr?

Bis jetzt bist du jedoch davon ausgegangen, dass die Aufhebung der Trennung darin bestehe, zum Ursprung zurückzukehren und dein Menschsein zu verlassen. Das war eine Möglichkeit, die viele genutzt haben, und es ist ihnen dabei nicht schlecht ergangen. Sagen wir, es ist ihnen möglicherweise »besser« ergangen als denjenigen, die sich ganz aufs Menschsein verlegt haben. Und dennoch: der Nachgeschmack der Trennung blieb. Als Mensch musstest du auf dein Menschsein verzichten, um so etwas wie Einheit zu erleben.

Nun haben wir vorher aber gesagt, dass die Grundtrennung nicht diejenige ist, die wir auf der polaren Ebene in Bezug auf verschiedene Aspekte des Menschseins vollziehen, sondern vielmehr die Trennung von dir als Mensch von deiner Quelle. Solange du dich entscheiden musst zwischen diesen deinen beiden Aspekten, wirst du immer, immer Trennung erleben. Auch wenn du vermeintlich in die

Einheit zurückkehrst. Oder anders gesagt: du wirst niemals die Vereinigung erleben.

Du kannst sehr wohl Einheit erleben, doch die Vereinigung ist eine Steigerung der Einheit, eine Potenzierung. Ja, mit Zahlen ausgedrückt, könnten wir sagen: wir haben aus der 0 heraus mit der 1 begonnen und daraus 2 gemacht. Und lange hat der Mensch gemeint, er müsse zur 1 oder zur 0 zurückkehren, und hat dabei die 2 zurück gelassen. Nun ist die Zeit gekommen, wo wir die 2 mitnehmen können und dürfen. Dann führen wir die 2, die die 0 und die 1 enthält, zur 3, zur Dreieinigkeit des Christentums. In der Dreieinigkeit erkennst und erlebst du als Mensch, dass du immer schon alles warst, dass du die 0 und die 1 in dir trägst, dass sie Teil von dir sind. Und das bringt uns zum nächsten Quantensprung: die Dreieinigkeit offenbart, dass ich als Mensch »mehr« bin als nur die Einheit. Dass Gottsein letzten Endes bedeutet, dass ich sowohl Einheit wie Dualität bin und in mir diese beiden Qualitäten vereinige. Ist das nicht grossartig, ja atemberaubend?

Ich weiss, es sind dies ganz grosse Schritte, und, wie gesagt, darfst du dir dazu Zeit nehmen. Ich werde immer wieder um dieses Bewusstsein mit dir herum tanzen, damit du es in deine Zellen weben kannst. Wir werden gemeinsam etwas Neues weben, etwas, was es so noch nie gegeben hat. Und: du bist der Ort, an dem dieses Neue geboren wird. Du, der Mensch, bist dieser Ort. Du, Mensch, bist Geburtsstätte des Neuen, und deshalb wurde Christus als Mensch geboren. Weil er dir diesen Weg zeigen wollte, zeigen wollte, dass es möglich ist, als Mensch auch Gott zu sein. Dass es möglich ist, Mensch gewordener Gott zu sein und so Wunder zu wirken.

DU CHRISTUS

DIE ZEIT DER Wiederkunft Christi in DIR ist gekommen. Deshalb hältst du diesen Text in den Händen, weil du dazu bereit geworden bist. Und vielleicht war dir schon lange klar, dass es im Inneren passiert, und nicht, wie vor 2000 Jahren, im Aussen.

Der Christus im Inneren – schon das eine Herausforderung. Bist du es doch gewohnt, alles Gute von »oben« oder aussen zu erwarten. Und nun ist es in dir! Wie könnte es auch anders sein, wo doch alles in dir ist, alles in dir stattfindet?

Und gleichzeitig ist es auch ganz natürlich, dass du gewisse Dinge als ausserhalb von dir erlebst und das auch manchmal brauchst. Das wiederum gehört zu deinem Menschsein und war ja auch so geplant. Es soll also dein Menschenkind jetzt nicht überfordert werden mit dem Anspruch, alles in sich erleben und verbinden zu können. Es darf, auch wenn Christus in deinem Inneren aufersteht, Christus durchaus auch als eine Kraft, ein Wesen erleben, das es als eigenständiges Wesen ansprechen kann und darf. Deshalb gibt es diese Vielfalt von Formen und Gestalten, von Farben und Qualitäten, von Namen und Wesen: damit wir sie als Qualitäten von uns erkennen und mit ihnen in Beziehung treten können.

So ist meine Einladung, oder sollte ich sagen unsere Einladung, die von mir Isis und die von mir Christus, dir bewusst zu werden, dass wir in dir leben, dass wir eine Qualität darstellen, mit der du dich verbinden kannst. Indem du unsere Namen rufst, werden wir in dir zum Leben erweckt, wach gerufen sozusagen.

Das war ja lange Zeit die Falle, dass der Mensch meinte, er müsse all das verkörpern, als Mensch, in seinem Menschsein auch Christus sein. So linear war das nicht gemeint, denn der Mensch ist und bleibt Mensch, und man kann vom Menschenkind nicht erwarten, Gott zu sein. Aber: das Menschenkind kann realisieren, dass es AUCH Gott ist, und in diesem Bewusstsein die Gleichzeitigkeit üben. Sonst haben wir ein Menschenkind, das perfekt zu sein versucht, im Sinne der Einheit. Dann haben wir genau das, was wir heute auf der Erde haben: Menschen, die ihr Gottsein, ihre Einheit suchen, indem sie einen Pol der Schöpfung negieren, indem sie einpolig werden. **Einpoligkeit kann jedoch nie Einheit sein. Die Einheit enthält beide Pole!**

Scheint logisch, und doch kannst du einmal bei dir selbst beobachten, wie oft du versuchst, dieses Göttliche in dir wach zu rufen, indem du versuchst, einem Bild von dem Göttlichen in deinem Menschsein zu entsprechen. Damit wirst du jedoch weder deinem Menschsein gerecht noch deinem Gottsein.

Hier könnten wir eine neue Definition des Göttlichen mit dir kreieren: Gott erleben bedeutet demnach, die Gleichzeitigkeit von Einheit und Polarität zu erleben. Und damit die Dreieinigkeit. Ja, die Gleichzeitigkeit, immer wieder kommen wir auf diese Qualität zurück. Sobald wir in einem Aspekt oder Pol unseres Seins hängen bleiben, erleben wir uns als (abgetrennten) Teil und suchen unweigerlich den anderen. Ein ewiges Hin und Her …

Christus hat diese Gleichzeitigkeit gelebt. ER war ganz Mensch und gleichzeitig als Mensch im Bewusstsein der Einheit allen Seins. Er hat nicht das »perfekte« Leben gelebt, ja, er wurde sogar als Mörder hingerichtet, oder wie ein Mörder … damit wurde er dem niedrigsten, dem so genannt niedrigsten Menschen gleich. Er hat sich nicht gescheut, einfach und bescheiden und auch arm zu sein. Er hat keine perfekten materiellen Reichtümer angehäuft, den perfekten Job gehabt, die perfekte Frau … Oder doch? Perfekt in einem anderen Sinne.

ICH, CHRISTUS, SPRECHE ZU DIR

ICH, DEIN CHRISTUS, habe mich ganz aufs Menschsein eingelassen, weil ich darin das Grossartigste des Schöpfers erkannte. Ich bin diesen Weg aus Liebe gegangen, so wie auch DU ihn aus Liebe gehst. Und gerade, weil ich ihn aus Liebe gegangen bin, war es mir möglich, mich kreuzigen zu lassen. Kreuzigen lassen, magst du dich fragen, mich fragen – warum tatest du das, warum liessest du das zu? Du hättest es doch als Gottessohn verhindern können? War das eine Einladung an uns, zu leiden? Nein, das war es natürlich nicht. Und dennoch haben es viele Christen so verstanden. Sie haben gemeint, es genüge sozusagen, zu leiden, damit sie in den Himmel, in die Einheit zurückkehren können. Aber das war nie gemeint. Oder doch? Auch hier haben wir wieder ein Paradox. Das Leiden führt zum Verleiden, führt zum Punkt, wo du erkennen kannst, dass es kein Leiden gibt. Dass du wählen kannst, ob du leiden willst oder nicht. Ob du dich am Aussen orientieren willst, und damit leiden, oder ob du dich an mir, an deiner inneren Wahrheit orientierst, und auferstehst?

Die Auferstehung geschah aufgrund der Kreuzigung.

Ohne die Kreuzigung hätte es keine Auferstehung gegeben. Du musst oder darfst dich also immer wieder ans Kreuz der Materie nageln lassen. Oder anders gesagt: Ein Kreuz besteht aus zwei Achsen, einer vertikalen und einer horizontalen. Wenn beide Achsen miteinander verbunden werden, entsteht ein Kreuz. Könnte es sein, dass damit gemeint ist, dass du dir erlauben kannst und darfst, beide Achsen in dir zu einem Kreuz zu vereinigen, um damit frei zu werden? Befreit vom Entweder-oder hin zum Sowohl-als-auch!

So möchte ich das Kreuz und deine Kreuzigung für dich neu definieren: erlaube dir, gleichzeitig deine vertikale und deine horizontale Achse wahrzunehmen. Erlaube dir, gleichzeitig wahrzunehmen, dass du bist im Sinne des ICH BIN, in deiner Aufrichtung, in deiner Klarheit, in deiner Einheit, und dass du ein duales Wesen genannt Mensch bist, das auf dieser Ebene immer nur ein Teil sein wird, immer nur der eine Pol. Indem du beide Achsen verbindest, lässt du die Qualität der Einheit in die Dualität hinein fliessen und erlöst sie damit von ihrer Dualität. Ist doch eigentlich ganz einfach oder nicht? Natürlich spasse ich ein wenig, denn so einfach ist es, wie du weißt, beileibe nicht. Aber das Prinzip ist einfach, und nahe liegend.

Wenn du also in die Polarität deines Menschseins die Qualität der Einheit fliessen lässt, und wenn du in die Einheit die Dualität deines Menschseins hineinströmen lässt, so spielt es mit der Zeit keine Rolle, wo du bist. Alles ist von allem durchdrungen, alles ist mit allem verbunden. Das war gemeint mit der Kreuzigung. Doch meine Nachfolger haben darin nur die äussere Erscheinung gesehen.

Die äussere Erscheinung: damit kommen wir zu einem wesentlichen Aspekt meines Bewusstseins als dem Christus.

Ich nutze die äussere Erscheinung als Weg zu meiner inneren Essenz. Ich sehe sie nicht als Widerspruch, also nicht als linearen Spiegel von dem, was ich bin. Sonst müsste ich ja die ganze Zeit das Gefühl haben, etwas falsch zu machen, zu wenig zu sein, zu viel, zu dies und zu das … was viele von euch ja auch haben. Wenn ich hingegen die äussere Erscheinung als Einladung sehe, mich mit einer Essenz zu verbinden, so spiegelt mir ein scheinbarer Mangel im Aussen meine innere Fülle. Das Paradox!

Leiden entsteht dort, wo das Aussen mir nicht das erfüllt, was ich zu brauchen meine. In diesem Vorgang wird ein aufgrund vieler Menschenleben aufgebautes Programm des Mangels immer wieder bestätigt. Du hast als Mensch die Perfektion im Aussen gesucht und nicht erkannt, dass der vermeintliche Mangel im Aussen dich zur Perfektion im Inneren führt. Ja, magst du sagen, das habe ich auch schon gehört, das ist doch nichts Neues. Neu ist es natürlich nicht, und doch biete ich dir etwas Neues an: nämlich, die beiden in ihrer Gleichzeitigkeit zu erleben. Dich nicht entweder für die Fülle im Inneren oder den Mangel im Aussen entscheiden zu müssen.

Indem dich die äussere Erscheinung nach innen führt, erlebst du dich in deiner Essenz. Nun hat das häufig dazu geführt, dass Menschen, die dies anstrebten, sich vom äusseren Leben zurück gezogen haben, um sich ganz dem Inneren zu widmen, oder ganz Gott zu widmen, so wie sie »Ihn« verstanden. Doch Gott ist dank mir, in meiner Gestalt, Mensch geworden. Wie also kannst du Gott suchen – und finden – indem du einen Teil von ihm leugnest?

Gott ist auch in dir Mensch geworden, und so kann Gott nur in seiner Ganzheit erlebt werden, wenn du dich auch als Mensch erlebst. Also, du hast dich in dein Inneres zurückgezogen, um Gott zu finden, und hast ihn zum Teil so auch gefunden. Nun ist die Zeit gekommen, auch dein Menschsein im Innern zu finden, und so die beiden miteinander zu vermählen.

DAS INNERE KIND

DEIN MENSCHSEIN IM Inneren? Vielleicht kennst du den Begriff oder die Vorstellung vom Inneren Kind. Das Innere Kind bin sozusagen ich, dein Christus, dein unerlöster Christus. Indem du bereit bist, mit mir in eine Beziehung zu treten, wirst du bereit, mich zu erlösen. Ich könnte auch sagen: wenn du im Inneren Dein Bewusstsein der Quelle verbindest mit deinem Inneren Kind, so erlöst du es. Du schenkst deinem inneren, unerlösten Kind Aufmerksamkeit. Du erkennst es als den Weg, den ich, dein Christus gegangen bin. Ich war und bin das Kind Gottes gewesen, oder nein, ich war das Menschenkind. Ich war Gott und Menschenkind. Das heisst, ich habe mir erlaubt, mein Schöpferbewusstsein zu behalten und meinem Menschenkind dank diesem Bewusstsein in jedem Augenblick das zu geben, was es brauchte. Dann spielte es keine Rolle, was von aussen kam und was nicht. Klingt doch ziemlich genial, meinst du nicht?

Wenn du in dir die Möglichkeit entdeckst, dein unerlöstes Menschenkind in jedem Augenblick zu nähren, so befreist du dich von dem, was aussen geschieht oder eben nicht geschieht. Du erlöst das Menschenkind und gibst ihm dadurch die Möglichkeit, ins Christusbewusstsein zu erwachen. Ja, dein unerlöstes inneres Kind ist der Weg zu mir. Denn es fordert dich auf, die Qualitäten der Einheit, der allumfassenden Liebe in dir zu entwickeln. Dann erst weiss es sich geborgen, in jedem Augenblick genährt und geliebt. Dann erst kann es zu dem Kind werden, das es immer schon sein wollte. Dann kann es sorglos leben, spielen und sich an seiner Schöpfung erfreuen.

Stell dir einmal vor, Gott als dieses alles Seiende, alles Umfassende strahlende Wesen inkarniert sich in einem Menschenkörper. Wie würde er wohl reagieren? Eigentlich wie ein Kind: mit Staunen, Offenheit, spielerisch, kreativ, er wüsste sich jederzeit genährt und geliebt und hätte das Gefühl, die ganze Schöpfung stünde ihm zur Verfügung. Natürlich nur so lange, wie diesem Kind erlaubt würde, dieses Bewusstsein zu behalten. Leider habt ihr das alle so nicht erlebt, ihr habt vergessen, dass ihr dieser Gott seid und habt euch gespalten. Also hat dieses Gotteskind Strategien und Muster entwickelt, um das zu bekommen, was es brauchte. Und genau diese Muster und Strategien zeigen diesem Kind, wenn es heranwächst und erwachsen wird, dass es so nicht gemeint war. Dann nämlich erlebt der erwachsene Mensch, dass es diese Muster sind, die ihn daran hindern, sein Gottsein zu erleben. Eine wunderbare Einrichtung, könnte man sagen.

Nun also hast du die Möglichkeit, dieses dein Inneres Kind, das sich verschiedene Strategien zugelegt hat, zu erlösen. Die Strategien könnte man auch beschreiben als die Teile, bei denen das Kind meinte, selbst Verantwortung übernehmen zu müssen, sich selbst das geben zu müssen, was es brauchte. Selbst allerdings verstanden als den menschlichen Aspekt. So könnten wir sagen, das Kind hat Muster entwickelt, die kompensieren sollten. Mit dem menschlichen Aspekt versuchte das Kind das Göttliche zu kompensieren. Und nun bist du als erwachsener Mensch eingeladen, diese Kompensationen wieder rückgängig zu machen, oder besser noch, in Liebe anzunehmen.

Der erste Schritt dazu ist die Akzeptanz. Das liebevolle Annehmen des Inneren Kindes als eines wesentlichen ja heiligen Teils deines Selbst. Dieser Teil von dir hat in vollkommener Liebe und Hingabe die Rolle übernommen, für dich zu sorgen. Eigentlich paradox, ist es doch die Aufgabe der Eltern, sich um das Kind zu kümmern. Nun hat es das Kind getan, und es will endlich erlöst werden. Und das kann es nur, wenn Eltern da sind. Die Eltern wiederum sind der Teil in dir, der in der Lage ist zu nähren und zu lieben. Dieses wundervolle innere Kind zu lieben. Ihm all das zu geben, was es nicht bekommen hat.

So könnten wir sagen, das innere Kind hat die Aufgabe übernommen, die Eltern in euch wach zu rufen. Wenn die inneren Eltern geweckt sind und lebendig wirken, kann das innere Kind aufatmen und sein. Dann kann der Mensch gewordene Gott sich ins Menschsein hinein entspannen. Dann darf Gott auch im Menschsein Gott sein, und muss nicht etwas erfüllen, was er nicht kann. Und wenn ich hier von Gott spreche, so benutze ich diesen Begriff, weil er der bekannteste ist. Wir könnten durchaus auch von Göttin sprechen, und das käme der Realität sehr viel näher. Wir können aber auch von der Quelle sprechen. Oder vom Schöpfer. Dann kann die Quelle den Fluss speisen, dann kann der Schöpfer das Geschöpf nähren, und dann können beide im Frieden und in der Freude miteinander leben.

Nehmen wir an, du befindest dich in einer schwierigen Situation als Mensch. Im Aussen läuft nichts so, wie du es dir wünschst. Dein Partner oder deine Partnerin gibt dir nicht das, was du brauchst, lässt dich allein, kümmert sich nicht um dich. Du bist es gewohnt, in eine Art Schmerz oder Trauer oder Verzweiflung zu fallen, aus der dich scheinbar nur ein Zeichen dieses geliebten Partners holen kann. Und dieses Zeichen kommt nicht. Nun hast du die Wahl: wartest du und verharrst in deiner Verzweiflung, oder entscheidest du dich für diesen neuen Weg? Entscheidest du dich, dir selbst zu geben, was der andere dir verweigert? Das mag am Anfang wie eine Notlösung klingen – im Englischen sagt man »second best«, das Zweitbeste. Ja, auf den ersten Blick mag es so scheinen. Und dennoch: was wäre das für eine Schöpfung, in der ich auf andere Wesen, die ich nicht kontrollieren kann, über die ich nur eine sehr beschränkte Macht habe, angewiesen bin, um mein Glück zu finden? Wäre das Liebe? Oder ist nicht vielmehr eine Schöpfung der Liebe die, in der jeder seines eigenen Glückes Schmied ist? Eine Welt, in der ich mir jederzeit alles erfüllen kann, was ich brauche. Allerdings, und das möchte ich als dein Christus betonen, nicht, indem du Verzicht leistest. Das wäre wieder der alte Weg des Rückzugs vom Menschsein. Nein, nun darf es geschehen in der ganzen Grossartigkeit der Umarmung und liebevollen Annahme deines Menschseins.

Alles, was du als Gott abgelehnt hast, darf nun von dir angenommen werden. Als Gott abgelehnt? Kann Gott etwas ablehnen? Nun, kommen wir auf das Bild von vorher zurück, wo Gott sich als das strahlende unendliche Wesen in einen engen Körper zwängt und nicht die Mittel zur Verfügung hat zu erkennen, dass es durchaus so seine Richtigkeit hat mit dem Menschsein. Dass das Menschsein das beinhaltet, allerdings ohne Wertung, dass da nichts falsch dran ist. Wenn ihm das nicht gelingt, muss er bestimmte Teile oder Aspekte von diesem Menschsein ablehnen im Sinne der Wertung. »Das möchte ich nicht, das gefällt mir nicht … ich habe doch keine Lust, so klein zu sein, so bedürftig und hilflos …« und so weiter und so fort.

Wir könnten auch sagen: in dem Augenblick, in dem Gott als Menschenkind geboren wurde, erwachte in ihm die Bedürftigkeit. Etwas, was er vorher so nicht kannte, war er doch vorher alles. Er war alles und in diesem Sinne verfügte er auch über alles, er kannte keinen Mangel. Und plötzlich ist er auf die Hilfe fremder Wesen angewiesen, und wenn diese Wesen ihm die angemessene Hilfe nicht geben können, wird er ziemlich schnell davon ausgehen, dass mit dieser seiner Hilflosigkeit etwas nicht stimmt. Er wird seine Hilflosigkeit ablehnen. Und damit wird das unerlöste innere Kind geboren. Das unerlöste innere Kind ist der hilflose Gott, der seine Hilflosigkeit aufgrund seines Gottseins, seines Allesseins, ablehnt.

Und nun bist du als erwachsener Mensch, als das Wesen, das die Spielregeln des Menschseins und der Polarität gelernt hat, eingeladen, dieses Gotteskind zu erlösen. Zu erlösen, indem du ihm alles gibst, was es braucht. Jetzt. Damit ist nicht gemeint, dass du ihm im Aussen gibst, was es braucht, das ist nicht immer möglich, wie du weisst. Damit ist gemeint, dass du ihm im Inneren das gibst, was es braucht, nämlich die Bestätigung, dass seine Bedürfnisse in Ordnung sind. Ja, im wörtlichen Sinne: sie sind in der Ordnung, in der göttlichen Ordnung, sind Teil des Göttlichen

Plans, der geschaffen wurde, damit Gott sich im Menschsein als Gott erleben kann.

Und wenn es dir gelingt, diesem deinem unerlösten inneren Kind das zu geben, was es braucht im Sinne der Akzeptanz und Liebe, dann erlöst du es zum Christuskind. Dann kann ich in dir erwachen, ich Dein Christus. Ist das nicht wunderbar?!

ICH, ISIS, MELDE MICH ZURÜCK

HIER MÖCHTE ICH nun fortfahren, nicht ohne natürlich Christus zu danken. Deinem Christus, der nun am Erwachen ist. Ja, ich kann dir versichern, dass das der Fall ist, auch wenn du noch etwas zweifelst. Wäre das nicht der Fall, würdest du nicht diese Zeilen lesen.

Dein Christus erwacht in dir: damit beginnt eine neue Reise, und nicht immer ist diese einfach. In jedem Fall aber lohnend, ganz wie Christus es beschrieben hat. Sie versetzt dich in die Lage, dir selbst geben zu können, was du brauchst. Was dein inneres Kind braucht.

Vielleicht noch einen kleinen Nachgedanken zum Gesagten: bis jetzt kanntest du das innere Kind als das Menschliche in dir. Nun hat Christus es neu definiert als das göttliche Kind, das das Menschliche nicht verstanden hat, weil es nicht das bekam, was es brauchte. Er hat es definiert als den Teil des Menschseins, den du als göttliches Wesen ablehnst. So gesehen ist es das Menschliche in dir, der Teil des Menschseins, den Gott ablehnt, den Gott nicht zu sich nimmt. Es ist der Teil, den du als göttliches Wesen von dir getrennt hast, und in diesem Sinne ist es das Menschliche.

So hast du das Menschliche bis jetzt auch definiert: als den Teil, der nicht Gott ist: und in diesem Sinne gebe ich dir Recht. Allerdings mit der klaren Ergänzung, dass das nur die halbe Wahrheit ist. Das innere Kind ist das Menschliche an dir, ausgehend davon, dass du Gott bist. Es ist der Aspekt Gottes, den Gott nicht als zugehörig zu sich erkannte. Schon wieder eine Verschiebung, könntest du sagen: nun ist es Gott, der sich vom Menschen trennte, und nicht der Mensch, der sich von Gott trennte. Ist das nicht schon fast etwas ungeheuerlich? Ist es denn nicht der Mensch, der die Fehler macht? Kann Gott denn so etwas tun? Gott ist doch vollkommen, oder nicht?

Natürlich hast du es bis jetzt so gesehen: die Schwäche, das »Falsche«, der Fehler lag immer beim Menschen, im Menschssein. Der Mensch war der unvollkommene Aspekt, ganz sicher nicht Gott. Und nun wage ich es also, das umzukehren, und Gott das Unvollkommene in die Schuhe zu schieben. Blasphemie, magst du ausrufen.

Ja, Blasphemie, wenn du immer noch von der Trennung ausgehst. Doch wenn du weißt, erkennst und annimmst, dass es nur Gott gibt, dann ist es sowieso einerlei. Dann spielt es keine Rolle, wer den »Fehler« macht, sofern man überhaupt von Fehler sprechen kann. Nun, wir setzen ihn ja in Anführungszeichen, denn natürlich macht Gott keine Fehler, ebenso wenig wie er dies in seinem menschlichen Aspekt tut. Oder besser gesagt: wenn Gott alles ist und für alles verantwortlich, dann kann es unmöglich sein, dass du als Mensch für irgendetwas Verantwortung trägst, was Gott geschaffen, erschaffen und initiiert hat.

Du kannst als Menschenkind den Teil der Verantwortung übernehmen, der dir zugedacht war: die Antwort, die in der Verantwortung mitschwingt. Du kannst auf Gottes Schöpfung antworten im Sinne der Resonanz. Dann schwingst du mit, schwingst mit Gott und seiner Schöpfung und erlebst im Mitschwingen, dass es nur das Eine gibt, auch wenn es sich in seiner ganzen Pracht und Vielfalt manifestiert.

Aber wir sind hier sozusagen etwas vom Thema abgekommen … wir waren beim inneren Kind, und dass es hier nun neu definiert wurde als der Teil, den Gott bei seiner Menschwerdung ablehnte. Und Christus teilte uns mit, dass das erlöste innere Kind das Kind ist, das von Gott als Teil von sich erkannt und angenommen wird.

Wie nun soll das vor sich gehen?

Der erste Schritt ist natürlich der, überhaupt davon auszugehen, dass es sich so verhält. Dass du tatsächlich Gott bist, das Göttliche, das sich in Menschengestalt geschaffen hat. Dies ist sozusagen die Voraussetzung, wobei du das auch einfach mal so annehmen kannst, ohne voll davon überzeugt zu sein. Ja, du könntest es sozusagen mal anprobieren, so wie man ein Kleid anprobiert. Hmmm, gefällt mir das, das Mäntelchen Gott anzuziehen? Wie fühlt es sich an, Gott zu sein, ein Mensch gewordener Gott zu sein? Kann ich das, darf ich das, gefällt mir das? Erlaube ich mir das? Was löst das in mir als Mensch aus?

Dies alles und noch mehr wirst du dich fragen. Und das zu recht. Erlaube es dir. Erlaube dir das Erforschen eines solchen Mäntelchens. Es dürfte in dieser Direktheit doch eher neu für dich sein. Vielleicht entspricht es einem Gedanken, den du kennst. Aber den Schritt zu wagen, es tatsächlich wörtlich zu nehmen, das ist wohl doch noch eine andere Geschichte. So lade ich, Isis, dich herzlich dazu ein, es wörtlich zu nehmen. Dein Gottsein wörtlich zu nehmen. Nicht als etwas, das du in fernen Zeiten oder in fernen Galaxien oder Dimensionen einmal warst, sondern als etwas, das du immer bist. Als etwas, das Teil von dir ist, und niemals aufhören kann, Teil von dir zu sein. Wie sollte das auch geschehen?

Oder vielleicht so: als du auf der Erde geboren wurdest, du als Gott, hast du, wie wir schon sagten, dein Menschsein abgelehnt, oder zumindest in bestimmten Facetten abgelehnt. Umgekehrt geschah natürlich auch etwas: es gab andere Facetten, nämlich die deines Gottseins, die du dann vergessen hast. Du hast dich dann sozusagen von der »anderen« Seite her, vom Menschsein her, von deinem Ursprung getrennt. Hast diese Aspekte entweder bewusst abgelehnt, weil sie nicht mehr zu passen schienen, oder du hast sie, was letzten Endes auf das Gleiche herauskommt, mit der Zeit vergessen, weil sie keinen Platz, keinen Raum in dieser deiner Realität bekamen. So oder so: Trennung von deinem Gottsein.

So könnte man den Prozess der Heilung des Inneren Kindes hin zum Erwachen des Christuskindes in dir als doppelten Prozess sehen: als den Prozess, dank dem du dich daran erinnerst, dass du schon immer Gott warst und immer sein wirst, egal welche Gestalt du angenommen hast oder annimmst. Und den Prozess, dank dem du als Gott bereit bist, deinem Menschenkind das zu geben, was es braucht, damit es dies erkennen und annehmen kann. Das eine geht mit dem anderen einher.

Und wenn du das alles so vor dich hinstellst als diesen

doppelten, gleichzeitigen Prozess, so wird schnell einmal klar, dass du noch etwas Drittes sein musst. Denn du kannst diesen doppelten Prozess nur erkennen und vollziehen, wenn du nicht mit dem einen Aspekt oder dem anderen voll identifiziert bist. Solange du identifiziert bist, wirst du nichts anderes sehen, erkennen und annehmen können als Teil von dir.

DIE ERWEITERUNG ZUM DRITTEN

ES GEHT HIER also um nichts weniger als eine Erweiterung. Eine Erweiterung, die möglich wird dank einer Haltung des Sowohl-als-auch. Der ganze Prozess beginnt mit deiner Bereitschaft, dich sowohl als Mensch wie auch als Gott zu erkennen und anzunehmen.

Um dann zu erkennen, dass du das Dritte bist, das diese beiden »hält«, im Bewusstsein hält und vereinigt. Damit wird schnell auch klar, dass du die Vereinigung der beiden Aspekte oder Facetten deines Seins bist. Ist das nicht wunderbar? Du musst dich niemals mehr für den einen Aspekt entscheiden zuungunsten des anderen! Du darfst von jetzt an alles sein, du musst dich nicht mehr entscheiden.

Die einzige Entscheidung, die von dir sozusagen verlangt wird, verlangt wird im Sinne der Voraussetzung für deinen Christusweg und das Erwachen Christi in dir, ist die Entscheidung zu deiner Bereitschaft, diesen Weg zu gehen. Dich zu öffnen für diese neue Möglichkeit. Man könnte auch sagen, es geht um deine Bereitschaft, wieder alles zu sein, was du warst und bist und sein wirst. Es geht um deine Entscheidung, jede Trennung als einen Trick des Schöpfers zu erkennen, der nur erfunden wurde, um ihm und damit dir die Vielfalt der Schöpfung zu offenbaren. Trennung als Trick, als Trug, als Illusion.

TRENNUNG ALS EINLADUNG, DIE EBENE ZU WECHSELN

UND NATÜRLICH IST das kein neuer Gedanke: Trennung als Illusion. Aber, wird dein Menschenkind einwenden, so oft habe ich doch Trennung erlebt. Dazu möchte ich dich folgendes fragen: Wie ist es, dass du Trennung erlebst? Du kannst Trennung nur erleben, weil du auf einer anderen Schicht verbunden bist. Trennung ist eine relative Sache. Trennung entsteht oder vollzieht sich im Verhältnis zu etwas, das nicht getrennt ist. Sonst könntest du es gar nicht als solches erleben. Hier wird zumindest deutlich, dass Trennung nichts Absolutes ist. Das allein ist doch schon ein Trost, oder? Das bedeutet nämlich, dass du nur die Ebene oder Schicht deines Erlebens wechseln musst, um zu erleben, dass du auf dieser anderen Ebene oder Schicht immer verbunden bist.

So könntest du die Trennung und den damit einhergehenden Schmerz als Signal dieser anderen Schicht erkennen, die dir signalisiert, dass das ihr sozusagen entgegen läuft, dass dies nicht die Wahrheit ist. Der Schmerz der Trennung ist wie ein Weckruf: hallo, schau doch mal, ist das wirklich die ganze Wahrheit?

Stell dir vor, es gäbe keinen solchen Schmerz, es gäbe keinen Weckruf. Dann würdest du niemals erkennen und realisieren können, dass Trennung nicht der Wahrheit entspricht. Dann, und erst dann, wäre Trennung als Phänomen Wirklichkeit. Paradox, nicht?

DER SCHMERZ: WEGWEISER ZUR WIRKLICHKEIT

UND HIER KOMMEN wir zu einem weiteren wichtigen Gradmesser und Phänomen für diesen deinen Christusweg. Alles, was weh tut, alles, was schmerzt, was in dir Sehnsucht weckt, ist Ausdruck und Zeichen davon, dass du etwas anderes kennst bzw. in deiner Essenz etwas anderes bist. Sonst könntest du es nicht so erleben. Die Absolute Wirklichkeit kennt keinen Schmerz, kein relatives Erleben. Absolute Wirklichkeit ist.

Auch das mag dich wundern, oder auch nicht. Du hast instinktiv immer gewusst, dass der Schmerz auf etwas hinweist, nur hast du es in der Regel gewertet. Der Schmerz war Ausdruck davon, dass du etwas »falsch« machst, sei das auf der physischen, emotionalen oder seelischen Ebene.

Nun geht es darum, die Wertung heraus zu nehmen, denn solange du wertest, wirst du dich auch gegen den Schmerz wehren. Wer will schon Schmerz erleben, wenn Schmerz erleben bedeutet, dass etwas falsch ist?

Wenn du hingegen den Schmerz begrüssen kannst als Signal von der absoluten Wirklichkeit im Sinne deines wahren Seins, dann wirst du dich über jeden Schmerz freuen lernen. Freuen bedeutet nicht unbedingt geniessen, obwohl das Erleben sich sicherlich allein schon dadurch verändert, dass es als etwas »Positives« erlebt wird, und nicht als negativ. Wenn es dir gar gelingt, den Schmerz neutral zu sehen, im oben beschriebenen Sinne, so wird sich dein Erleben radikal verändern. Im Augenblick, in dem der Schmerz auftaucht, wird er dich verbinden, wird er jede Trennung aufheben – und damit zum Erleben der Liebe führen.

Schmerz ist nur solange schmerzhaft im Sinne des Leidens, solange wir uns gegen ihn wehren. Ein Paradox und doch keines.

Feiern wir den Schmerz als Zeichen dafür, dass die vermeintliche Trennung aufgehoben ist und Verbindung stattfindet.

Und nun achte einmal darauf, wann du Schmerz erlebst, und was geschieht, wenn du ihn neutral angehst, im Sinne eines Forschens. Schau einmal, ob dir das gelingt, und wenn ja, was passiert. Durchaus im Sinne von: jeder Schmerz ist in Ordnung, ist ein Jubel der Einheit, ein Jubel deines Herzens als Tor zur Einheit. Der Jubel, der dich wieder in der Einheit, in der Verbindung von Einheit und Dualität, begrüsst.

Aber, magst du einwenden, wenn ich doch wieder in der Einheit bin, dann gibt es keinen Schmerz. Ja, in einem gewissen Sinne stimmt das. Der neue Christusweg, den ich dir hier anbiete, ist einer, der die Welt des Menschseins mit der Welt der Einheit verbindet. Er beinhaltet und bedeutet nicht, sich ganz in die Einheit zurück zu ziehen, sich ganz vom Menschsein zu entfernen oder zu distanzieren. Damit würdest du nicht die beiden Achsen des Kreuzes verbinden, sondern dich auf eine Achse reduzieren – was durchaus gültig ist, aber nur ein Teil des Weges ist. Möglicherweise wählst du zuerst einmal die Rückverbindung zur Einheit, damit du dich an ihr orientieren kannst, damit du diesen Teil wieder als Teil von dir erkennen kannst.

Ja, so gesehen ist es notwendig, im Sinne von nötig für die Wendung, dass du zunächst einmal beide Pole, beide Aspekte deines Seins kennst, damit du sie dann auch verbinden kannst.

DIE VERBINDUNG

ES IST, WIE gesagt, die Verbindung der beiden, die den eigentlichen Christusweg ausmacht. Die Verbindung über den Weg der Bindung und Entbindung. Bis jetzt kanntest du vor allem die Bindung oder die Entbindung im Sinne der Identifikation oder Ablehnung. Bindung verstanden als ein Identifiziertsein mit einem Pol, Entbindung verstanden als ein Sich-Distanzieren von einem Pol. Beides sind notwendige Schritte, damit wir die Pole kennen lernen. Erst durch diese Dynamik der Bindung und Entbindung auf der menschlichen Ebene können wir zur Verbindung gelangen. Verbindung wäre demnach die Qualität, bei der wir mit beiden Polen sowohl Bindung wie Entbindung erleben, dieses Mal auch im neutralen Sinne. Wir sind weder das eine, noch das andere, bzw. gleichzeitig sowohl als auch. Damit werden wir frei. Und dieser von mir vorgeschlagene Christusweg hat sehr viel mit Freiheit zu tun.

DIE FREIHEIT

ES IST DIE Freiheit, die uns zur Liebe führt. Stell dir vor, du bist nicht frei, du bist von etwas oder jemandem abhängig. Kannst du diese Person oder diese Sache lieben? Liebe gibt es nur in Freiheit. Freiheit ist die Voraussetzung für Liebe – und Liebe ist hier ein anderes Wort für Verbindung. Verbindung ist sozusagen die Beschreibung des Prinzips, während Liebe die Qualität ausdrückt, die dank der Verbindung entsteht und erlebt wird.

LIEBESBEZIEHUNG

DU SIEHST, LIEBER Leser, liebe Leserin, wir führen dich auch auf einen neuen Weg in Sachen Liebe und Liebesbeziehung. Christus im Sinne der Verbindung ist der Weg zur Liebe. Liebe kann nur dort gedeihen, wo Freiheit herrscht und alles möglich und erlaubt ist. Wo du nichts von dir verstecken, verleugnen oder ändern musst. Liebe hat natürlich auch mit Akzeptanz zu tun. Das Akzeptieren, dass es dich gibt, genau so, wie du bist. Genau so. Und dass genau in deinem Sosein die Freiheit liegt, dich zu lieben.

Liebe deinen nächsten wie dich selbst: dieses Wort Jesu weist uns den Weg. Und mit jedem Wort wird deutlicher, dass die Liebe bei dir selbst beginnt. Du kannst im anderen nur lieben, was du in dir selbst erlöst hast. Was du als Teil von dir erkannt und akzeptiert hast. Alles, was du von dir abtrennst, wirst du auch im anderen abtrennen, im anderen ablehnen.

So kannst du üben: wenn es etwas gibt, was dich an deinem Partner stört, was dich herausfordert oder schwierig ist, so schaue einmal genau hin. Hat es etwas mit dir zu tun? Was hat es mit dir zu tun? Könnte es sein, dass dein Partner etwas lebt, was du auch gern leben würdest? Oder kann es sein, dass dein Partner dich einlädt, klar Stellung zu beziehen für das, was du leben möchtest?

Angenommen, dein Partner möchte verschiedene Liebespartner und du nur einen. Wie kannst du das auffassen, wie kannst du damit umgehen? Eine Möglichkeit ist ganz einfach, ihn als möglichen Partner abzulehnen, weil er nicht in deine Vorstellung passt. Oder aber du kannst dich fragen, warum du es mit einem Gegenüber zu tun hast, der mehrere Partner wählt. Könnte es sein, dass du (unbewusst) auch mehrere Partner möchtest? Könnte es sein, dass du selbst Angst hast, dich ganz auf einen Partner einzulassen? Könnte es auch sein, dass du eigentlich einen Partner möchtest, aber Angst davor hast? Wichtig ist dabei nicht, dass das eine richtig und das andere falsch ist. Vielmehr ermöglicht dir dein Gegenüber einen WEG: den Weg zu dir selbst. Den Weg, herauszufinden, was wirklich für dich stimmt. Und das, was zu dir gehört, ganz zu dir zu nehmen. Dann wird sich das Aussen nach deiner inneren Entscheidung richten. Dann wird entweder dein Partner bereit werden, sich auf das Experiment einer »Zweierbeziehung« einzulassen, oder es wird ein anderer Partner auftauchen, der deiner Entscheidung entspricht. Oder es gestaltet sich etwas, das für beide neu ist: beide haben Platz im Neuen.

Lange hast du den »Fehler« gemacht, das Aussen sozusagen als Urteil über dein Sosein zu betrachten. D.h., wenn etwas im Aussen nicht so war, wie du es wolltest, bist du davon ausgegangen, dass du etwas falsch gemacht hattest oder dass du das, was Du dir tatsächlich wünschtest, nicht wert seiest. Du bist nicht auf die Idee gekommen, dass das Aussen eine Einladung an dich sein könnte, in dir selbst Klarheit zu finden, und diese Klarheit auch zum Ausdruck zu bringen.

Man könnte auch sagen, indem dir im Aussen gespiegelt

wird, was du nicht möchtest, wirst du klar darüber, was du möchtest. Erst, wenn du mit dem verbunden bist, was du möchtest, wer du bist, kann das Universum es dir erfüllen, Universum verstanden als das Zusammenwirken der Kräfte, mit denen dein Leben als Mensch gestaltet wird.

DAS PRINZIP DER RESONANZ

DIE SCHÖPFUNG GESTALTET sich aufgrund des Prinzips der Resonanz. Und das spielt natürlich in beide Richtungen. Du gehst in Resonanz mit dem Aussen und das Aussen ist in Resonanz mit deinem Inneren. Die Frage ist nur: was ist zuerst: das Aussen oder das Innen?

Viele Menschen gehen heute davon aus, dass das Aussen gegeben ist, und sie sich dem Aussen anpassen müssen. Sie haben ihre Macht verloren und vergessen, die darin besteht, das Aussen dank der Klarheit im Inneren zu gestalten.

Schöpfung ist, so gesehen, das Prinzip, wonach du in deinem Inneren eine Entscheidung triffst, wonach du dich nach dem ausrichtest, was du in deinem Innersten willst. Und dann kann das Universum aufgrund des Prinzips der Resonanz im Aussen dir spiegeln, was im Inneren lebt.

Das tut es so oder so: das Universum im Sinne des Spiels der Schöpfungskräfte wirkt aufgrund der Resonanz. Das bedeutet, das Aussen wird dir immer spiegeln, was in deinem Inneren wirksam ist. Aber nicht linear, im Sinne von: du bist arm im Aussen, also bist du arm im Inneren. Vielmehr spiegelt es dir Überzeugungen, oder noch besser Vor-Stellungen, das, was du vor die Schöpfung, vor deine Essenz gestellt hast. Etwa die Vorstellung: »Ich bin es nicht wert, reich zu sein ...« usw. Das Aussen spiegelt dir, was du als Programm oder eben Vorstellung entwickelt hast aufgrund von früheren Erfahrungen, die du gewertet hast. Du hast in deinen früheren Erfahrungen vergessen, wer du bist, wer du in deiner Essenz des Göttlichen bist, und hast dich dann am Aussen orientiert. Und gemeint, dass wenn du etwas »Unvollkommenes« im Aussen antriffst, dies ein Spiegel sei für deine innere Unvollkommenheit. Dabei ist es genau umgekehrt. Indem es im Aussen nicht vollkommen ist, erinnert es dich an deine eigentliche Vollkommenheit. Das unvollkommene Aussen lädt dich ein, dein vollkommenes Inneres zu erkennen, zu aktivieren und nach aussen strahlen zu lassen.

So kann eine nicht erwiderte Liebe etwa dazu führen, dass du dich für nicht liebenwert hältst, oder aber sie bringt dich dazu, zu erkennen, dass du Liebe bist, und deshalb alles mit deiner Liebe durchdringen kannst. Dann aktivierst du das Fehlende in deinem Inneren und erschaffst es damit.

SCHÖPFUNG

WIR KÖNNTEN HIER somit von einem umgekehrten Schöpfungsprozess sprechen. Indem ich das Aussen erkenne als eine Einladung, zu zeigen, wer ich wirklich bin, wirklich im Sinne der Wirklichkeit, der inneren göttlichen Wirklichkeit der Einheit. Dann strahle ich die Einheit in die Dualität hinaus (oder herein), durchdringe sie mit meiner Einheit und erlöse sie damit von der Dualität hin zur Dreieinigkeit.

Im alten Sinne der Spiegelung hast du erlebt, dass ein Mangel im Aussen von dir als Zeichen für einen Mangel im Inneren, in deiner Essenz, gleichgesetzt wurde. Die Folge davon war eine weitere Aktivierung des Mangels. Deshalb die so genannten abwärts drehenden Spiralen. Kaum ging es dir schlecht, ging es dir noch schlechter, weil du deine Macht nicht erkanntest. Weil du die Spiegelung wörtlich nahmst. »Keiner liebt mich, also bin ich nicht liebenswert« statt: »Keiner liebt mich, also bin ich eingeladen, mich selbst zu lieben und diese Liebe auszustrahlen.« Du weißt selbst, was dann geschieht? Sobald du dir das Geschenk selbst machst, brauchst du es nicht mehr im Aussen. Die Spiegelung löst sich auf.

Um auf unser Beispiel zurück zu kommen vom Partner, der mehrere Beziehungen möchte: es könnte die Einladung sein, dich selbst als das Wesen zu erkennen, das es wert ist, ganz und als Einziges geliebt zu werden. Nicht: »Ich bin es nicht wert, oder er hat Angst, oder ...«, sondern ganz einfach: »Das steht mir zu, es steht mir zu, meine Liebe nicht teilen zu müssen und mich in den Mittelpunkt zu stellen.«

Wichtig ist hier einmal mehr, dass es kein richtig und kein falsch gibt. Vielleicht hast du eine solche Konstellation auch schon aufgefasst als ein unbewusstes Signal deines selbst, dass du auch so möchtest: »Eigentlich will ich auch mehrere Beziehungen.« Das ist durchaus möglich, doch genauso wahrscheinlich ist es, dass du es dir nicht wert bist, dass du meinst, du könntest es nicht erfüllt bekommen. Du selbst entscheidest, was für dich stimmt. Und du entscheidest, ohne dass das eine richtig und das andere falsch ist.

Wenn wir vom Prinzip der Resonanz oder des Spiegels als Weg zur Schöpfung sprechen, so ist es also ganz wichtig, dieses Prinzip zu erkennen. Und das ist letzten Endes nur möglich, wenn du weißt, dass du nicht aufgrund dieser Spiegelung definiert wirst. Sondern dass die Schöpfung dir im Grunde das spiegelt, was dir zu deiner Ganzheit fehlt. Dass sie dir spiegelt, wo du dich von dir getrennt hast. Sofern es sich um etwas »Unangenehmes« handelt. Dort, wo du dich wohl fühlst, wo du dich eins fühlst mit dir, ist bereits gelebte Verbindung vorhanden.

Die Schöpfung, das gestaltete Aussen, ist somit eine Einladung zur Verbindung. Einer Verbindung von dir als Mensch mit deiner göttlichen Essenz. Wie damals bei Christus: die Kreuzigung war nicht Spiegel eines Mangels von Jesus im Sinne von: »du hast es falsch gemacht, jetzt wirst du bestraft und gekreuzigt« – nein! Es war eine Spiegelung im Sinne von: »erwache zu deinem wahren Selbst. Dann kannst du auferstehen, dann gehst du aus der Kreuzigung als Auferstandener hervor. Dann wirst du dank der Kreuzigung in einem neuen Bewusstsein geboren.«

SCHÖPFUNG UND KREUZIGUNG

Die Kreuzigung macht dich frei. Indem du erkennst, dass alles Leid und Leiden nur Liebe sein kann. Alles andere als Liebe ist Illusion. Leiden kannst du nur, wenn du vergessen hast, wer du in Wahrheit bist. Sobald du verbunden bist mit deiner Essenz, durchdringt diese Essenz dein Leiden, oder hebt es auf. Das Leiden zwingt dich zu erwachen.

Nun wirst du möglicherweise rebellieren und widersprechen – wie kann Leiden Liebe sein? Nun, ist es nicht Liebe, wenn du angesichts der schwierigsten Tatsachen dich als Schöpfer oder Schöpferin erkennst? Wenn du angesichts eines Mangels erkennst, dass du Fülle bist? Wenn du angesichts einer Nicht-Erfüllung im Aussen erleben kannst, dass du dich selbst füllst?

Ist es nicht Liebe, wenn die Kreuzigung dich auferstehen lässt? Wäre es denn eher Liebe, wenn du auf das Wohlwollen eines allmächtigen Schöpfers ausserhalb von dir angewiesen wärst? Wäre es Liebe, angewiesen zu sein auf eine Person im Aussen, damit du erfüllt wirst? Wäre es Liebe, vom Tun anderer Menschen abhängig zu sein, um glücklich zu sein? Wäre es Liebe, von einer alles umfassenden Macht abhängig zu sein, um eigene Macht zu erleben?

Oder ist es nicht vielmehr Liebe, angesichts der grössten Schmerzen, der schwierigsten Situationen, eines Mangels im Aussen zu wissen, zu erkennen und dann auch zu erleben, dass du auch dann ganz bist, machtvoll und erfüllt? Dass all die Qualitäten und Erfüllungen, die du dir wünschst, niemals im Aussen zu finden sind, sondern im Innern? Und dass Erfüllung nichts anderes ist als das Teilen der eigenen Fülle? Das Teilen der eigenen inneren Fülle mit der Schöpfung und anderen Geschöpfen im Aussen?

Du siehst, wir führen dich an eine etwas andere Form der Schöpfung heran. Es ist nicht mehr das lineare Projizieren nach Aussen von dem, was du dir im Inneren wünschst. Es ist vielmehr das Erkennen, dass du es bereits bist, dass du bereits darüber verfügst, und dass es darum geht, dies nach aussen zu offenbaren im Sinne eines Verströmens. Dann bist du unabhängig vom Anderen, vom Aussen. Dann bist du frei, jederzeit zu sein, wer du bist. Dann bist du nicht von den Reaktionen anderer Menschen abhängig. Du hast dich entschieden, du bist, was du bist. Und der andere, die Schöpfung, ist eingeladen, dies mit dir zu feiern und zu teilen.

So gesehen entscheidest du dich für deine Ganzheit und dafür, sie mit anderen zu teilen. Dann werden die anderen Teil von dir.

Damit dieser Weg gegangen werden kann, wurde die Schöpfung von dir geschaffen. Dann kannst du all die Teile im Aussen erkennen und wieder zu dir nehmen. Dann erkennst du die Teile im Aussen als Teile von dir, erkennst du dich als der Schöpfer, die Schöpferin dieser Teile, und kannst sie freudig wieder zu dir nehmen. Auch und gerade die Teile, die du bisher abgelehnt weil gewertet hast.

So ist es ein ständiges Weben, das Schöpfen, das in jedem Augenblick geschieht. Und auch das ist wichtig. Dass es in jedem Augenblick geschieht. Und damit dem höchsten schöpferischen Prinzip entspricht, das jeden Augenblick neu erschafft. Dieses Prinzip befreit dich von deiner Vergangenheit, ja löst die Vergangenheit auf. In dem Augenblick, in dem du dich als Schöpferin erkennst, hebst du die Vergangenheit auf und befreist dich von ihr und sie von dir.

Natürlich ist das in der Praxis nicht immer so einfach. Wir haben weiter oben vom inneren Kind gesprochen, und das findet es nicht so einfach, sich von der Vergangenheit zu befreien. Im Gegenteil, es haftet an der Vergangenheit, und möchte für das Geschehene »Unrecht« entgolten, wenn nicht gar vergolten werden. Ja, dein inneres Kind spielt dir da manchmal einen Streich. Damit es mitspielt, ist es wichtig, die Heiligkeit des inneren Kindes zu erkennen und auf jede Wertung zu verzichten. Das ist der Weg der Heilung –

die Wertung aufzugeben. Und das ist der Trick und die Herausforderung. Wie leicht verurteilst du es, und dich in ihm, weil etwas in der Vergangenheit geschah, was für dich schwierig war. Immer wieder meinst du, du habest etwas falsch gemacht, und deshalb sei es dir schlecht ergangen, sei es dem inneren Kind schlecht ergangen.

Hier musst du dir klar werden, dass das innere Kind immer, immer in Ordnung war. Und ist. Das liegt, einmal mehr, in der Natur der Sache. Ist es doch schliesslich von dir erschaffen worden, oder sollte ich sagen, von mir, von Gott? Es ist erschaffen worden, um dir auf diesem deinem Weg zu dir in deinem Höchsten beizustehen.

Wie wir weiter oben sagten, ist das innere Kind dein göttlicher Aspekt, der sich inkarniert hat. Also ist das innere Kind der Teil von dir, der auf seinem göttlichen Geburtsrecht beharrt. Was könnte heiliger sein? Es beharrt darauf, mit Liebe behandelt zu werden, auch wenn im Aussen diese Behandlung fehlt. Es beharrt darauf, genährt zu werden, auch wenn die Nahrung von aussen mies ist. Es beharrt darauf, dass es ein zu liebendes Wesen sei, auch wenn es von aussen nicht geliebt wird.

Nun hast du gemeint, wenn all das deinem inneren Kind nicht von aussen entgegengebracht wird, sei dein inneres Kind nicht in Ordnung, mache es etwas falsch. Und du müssest nur noch mehr wollen, damit es dann sich manifestiere. Eine grosse Falle … denn wenn es wiederum nicht klappt, fühlt sich das innere Kind noch mieser, es versucht noch mehr, und mit jedem Mal wird es schlimmer. Eine andere Variante ist die, dass du meinst, mit der Schöpfung im Aussen stimme etwas nicht und dich von ihr distanzierst. So oder so ist die eine Seite »falsch«.

Das kann wohl kaum gemeint sein, oder? Gemeint ist vielmehr, dass DU deinem inneren Kind den Weg weist zur Erfüllung. Dass DU dich um es kümmerst. DU? Wer bist DU?

Das ist wohl die entscheidende Frage, im wahrsten Sinne des Wortes die Frage, die die Scheidung aufhebt. Die dich eins werden lässt mit dir und deinem Kind. Dann ist dein Kind immer aufgehoben, immer geliebt und immer genährt.

WER BIST DU?

JA, WER BIST DU? Eine etwas allgemeine, einfache Antwort wäre: du bist alles. Und noch mehr. Du bist alles, und du bist das Bewusstsein, das dieses alles wahrnimmt. Ohne deine Wahrnehmung gäbe es das alles nicht.

In diesem Sinne bist du Alles und Nichts. Du bist derjenige oder diejenige, die alles wahrnimmt. Du bist derjenige oder diejenige, die aus der gesamten Schöpfung wählt, was sie ist, um zu realisieren, dass du wiederum mehr bist als das, was du gewählt hast.

Du bist Schöpfer und Geschöpf. Und das Bewusstsein, das beides miteinander verbindet. Bist du also Gott?

Gott als das Bewusstsein oder die Kraft, die alles schafft und das Geschaffene erlebt? Gott als die Instanz, die am Ursprung allen Seins ist und gleichzeitig in diesem Sein ist? Teil und Ganzes zugleich, und in dieser Gleichzeitigkeit ein Drittes? Bist du das? Schöpferkraft und Menschenkind in einem?

Könnte es sein, dass Gott nichts ist, was ausserhalb von

deinem Menschsein geschieht oder lebt, sondern dank deinem Menschsein in der Verbindung zur Quelle ins Leben gerufen wird? Im Sinne der Dreieinigkeit? Im Sinne des gelebten lebendigen Christus?

Hier tut sich ein ganz neuer Weg für dich auf. Ein Weg, der sich nicht an der Schöpfung orientiert im Sinne von: »Ich muss das Aussen gestalten, ich muss eine Welt erschaffen, in der es nur Frieden gibt, in der es nur Liebe gibt.«

Es tut sich ein Weg auf, auf dem es nicht länger darum geht, die Schöpfung zu optimieren. Denn damit werdet ihr niemals das Paradies auf Erden schaffen. Ihr seht, was mit dieser Haltung geschieht. Die Polarisierung schreitet voran, die Gegensätze klaffen noch stärker auseinander. Was ja eigentlich nur logisch ist. Solange du versuchst, die Polarität auf der polaren Ebene zu verändern, wirst du nur weitere Polarität erschaffen.

Solange du versuchst, Frieden zu schaffen, indem du den Krieg abschaffen willst, wirst du Krieg ernten. Denn in der Polarität lässt sich der eine Pol nicht abschaffen – im Wort abschaffen klingt sogar das schaffen mit.

NICHT-POLARE SCHÖPFUNG

WILLST DU NICHT-POLAR schöpfen, sondern im Sinne der Einheit, so kannst du dich nur an der Einheit orientieren, nicht an der Polarität. Nicht-polar zu schöpfen, bedeutet, dich an der Einheit orientieren und die Mittel der Polarität benutzen. Im nicht-polaren Schöpfungsprozess muss die Einheit mit der Polarität verbunden werden, und gleichzeitig muss die Essenz beider Aspekte erhalten bleiben. Es setzt voraus, dass du die Einheit kennst. Dass du bereit bist anzunehmen, dass du deiner Essenz nach etwas anderes bist, etwas nicht-Polares. Dann braucht es einen Übersetzungsprozess. Du kannst nicht Einheit eins zu eins in die Polarität übernehmen, sonst bekommst du das, was heute häufig verbreitet ist: die Negierung des einen Pols. Das bringt uns nicht weiter.

Wie könnte dieser Übersetzungsprozess aussehen? Er müsste die Essenz der Einheit bewahren und die Mittel der Polarität benutzen – nicht wahr? Er müsste im Grunde dem Ur-Schöpfungsprozess entsprechen. Und wie sah denn der aus?

Der sah so aus, dass sich der Urschoss der Schöpferin, in dem alles war, teilte. Und in jedem Teil war das Ganze enthalten. Wenn nun die Schöpferin sich in allen Teilen erkennt, wenn der Schöpfergott in sich als Teil die Ganzheit erkennt, dann sind Einheit und Polarität verbunden. Der Schöpfungsprozess ist somit ein Bewusstwerdungsprozess. Bewusstwerdung allerdings nicht nur im intellektuellen abstrakten Sinne. Soweit war die Menschheit schon einmal. Nein, es geht darum, dass jede Zelle, jedes einzelne Teil der Schöpfung in der Polarität zu seinem Bewusstsein erwacht. Und damit dir als Mensch ermöglicht, es auch so zu erleben.

Das bedeutet, es muss für dich als Mensch *erlebbar* sein! Erst wenn du es erlebst, wirst du es wissen – vorher ist es ein abstraktes Wissen, ein Glauben. Das kann ein erster Schritt sein, das kann dir den Weg weisen, dich bereit machen, den Weg zum Erleben überhaupt zu gehen. Es kann jedoch das Erleben nicht ersetzen.

Nun, also, wie kann es zu diesem Erleben kommen, und wo? Klar ist, dass dein Körper der Ort ist, wo du die Schöpfung, deine Schöpfung, erlebst. Der Körper ist das Erlebnisinstrument. Dank ihm ist es dir möglich, alle die verschiedenen Teile deiner Schöpfung – oder, etwas herkömmlicher formuliert – alle Teile der von Gott geschaffenen Schöpfung – zu erleben.

Eine kleine Nebenbemerkung: ich habe von dir als dem Schöpfer gesprochen. Auch das ist möglicherweise eine Sichtweise, die du kennst, aber nicht unbedingt unmittelbar erlebst. Du kennst es wahrscheinlich eher als Konzept. Mit dem hier beschriebenen Schöpfungsprozess wird dir bewusst, dass du der Schöpfer, die Schöpferin bist. Die Trennung wird aufgehoben. Du kannst dich erkennen als das Schöpfungswesen, das sich dank dem Körper in all seinen Facetten erlebt.

Wenn du nun bereit bist, dich als das Schöpfungswesen anzuerkennen – was zugegebenermassen an sich schon eine Revolution ist, so wird es Zeit, dies auch zu erleben. Und, wie ich schon sagte, ist der Körper der Ort, wo du das erleben kannst.

DEIN KÖRPER

DEIN KÖRPER IST dieses wunderbare Mittel, dank dem du dich als Schöpferwesen in deiner Schöpfung erleben kannst, dank dem du deiner Schöpfung begegnen kannst.

Wenn du der Schöpfung in diesem Bewusstsein begegnest, verändert sich schon einmal dein Erleben radikal. Nur muss auch hier wieder betont werden: wenn du ein polares Schöpferverständnis von dir selbst hast, wirst du deine Schöpfung mit dieser polaren Sichtweise beurteilen. Du bist nicht frei, deine Schöpfung mit der neutralen Neugier eines allliebenden, allumfassenden, allschöpferischen, allseienden Schöpfers zu erleben, sondern wirst deine Schöpfung mit der polaren, wertenden Haltung eines Menschen begegnen. Und das ist nicht gemeint. Denn dann wirst du die Polarität deines Erlebens im Sinne des Mangels und des Leidens wiederholen und bekräftigen.

Kommen wir zu deinem Körper zurück: dein Körper ist das perfekte Instrument, das es dir ermöglicht, deine Schöpfung zu erleben. Dabei ist natürlich wichtig, dass du nicht mit deinem Körper identifiziert bist. Was wir oben schon sagten, dass du dir deiner Selbst bewusst bist und deinen Körper als den Ort erkennst, dank dem du, DU, das allseiende allumfassende Wesen, deine verschiedensten unterschiedlichsten Aspekte in und dank der Schöpfung erlebst. Der Körper ist der Ort, an dem DU DIR begegnest in all deinen Facetten. Und wenn du weißt, wer du bist, was du bist, dann wirst du das, was dir begegnet, entsprechend erleben.

Nehmen wir ein Beispiel: du kennst dich als das allliebende Wesen, das nur Liebe kennt und Liebe ist – kannst du dann das, was dir begegnet, anders erleben als Liebe? Dann kannst du im Grunde alles nur als Liebe erleben, weil du nichts anderes kennst. »Ist aber nicht meine Erfahrung«, wirst du mir entgegnen. Nein, ist es nicht. Indem du es bis jetzt auch anders erlebt hast, kannst du erkennen, was du im Grunde genommen bist. Ein Paradox. Indem du dich als etwas anderes erlebst als Liebe, wird dir bewusst, oder kann dir bewusst werden, dass du eigentlich Liebe bist. Wie sonst könntest du erleben, dass du nicht Liebe bist?

Einmal mehr das Paradox: indem du erlebst, was du nicht bist, erlebst du sozusagen implizit, was du bist. Man könnte auch sagen: weil du nur Liebe bist, deiner Essenz nach, ist es dir möglich, anderes zu erleben, es definiert sich sozusagen an deiner Essenz, aufgrund deiner Essenz.

Um auf unser Beispiel zurück zu kommen. Du bist Liebe und erlebst etwas dir Unbekanntes, wenn du dich als Mensch inkarnierst. Du begibst dich auf eine Reise ins Unbekannte. Wenn nun das, was du erlebst, unbekannt ist, und du in der Liebe bleiben könntest, dann würdest du alles Nachfolgende als Liebe erleben. Es wäre egal, was du erlebst, nicht wahr? Aber das wäre ja irgendwie auch banal gewesen. Das Wesen, das nur Liebe kennt, und so sich inkarniert, dass es auch nur Liebe kennt … so hättest du es gerne – aber, könnte ich dazu einwenden, nur, weil du etwas anderes kennen gelernt hast. Sonst wüsstest du ja gar nicht, dass du das möchtest, weil du nichts anderes kennen würdest.

Also, du inkanierst dich in ein dir unbekanntes Gefäss, deinen Körper. Und weil du den freien Willen bekommen hast, entscheidest du, ob du das, was dir begegnet, lieben willst oder nicht. Das heisst, du entscheidest eigentlich nur, ob das, was dir begegnet, zu dir gehört oder nicht. Da geschieht etwas Magisches, bis anhin Unvorstellbares: du kannst von nun an entscheiden, was zu dir gehört und was nicht. Vorher gab es nur Einheit, und das bedeutete auch, dass du nicht wählen konntest. Alles warst du, du warst alles, alles war eins. Und nun gibt es eine Unterscheidung, dank deiner Entscheidung – und du erlebst Scheidung im

Sinne der Trennung. Wie kannst du Trennung erleben? Du kannst das Phänomen Trennung nur erleben, weil dir in diesem Augenblick bewusst wird, was du bis jetzt bzw. in deiner Essenz bist. Nämlich Verbindung. Weil du Verbindung bist, kannst du Trennung erleben, sonst wäre es einfach ein weiteres Sich-eins-fühlen. Verstehst du das? Du erlebst alles relativ zu deiner Grundessenz. Und diese Grundessenz, davon gehe ich nun einmal aus, ist die Essenz der Einheit, des Einsseins. In diesem Kontext erlebst du alles, was dir begegnet.

Wir könnten es auch umkehren und sagen: dank dem, dass du Trennung erlebst, wird dir bewusst, dass du im Grunde nicht Trennung bist. Du kannst das Phänomen erleben, weil du es nicht bist. Und das gilt für die gesamte Schöpfung. Du kannst Schöpfung, du kannst die Schöpfung erleben, weil du sie nicht bist. Damit die Schöpfung erlebt werden kann, braucht es etwas oder jemanden, der sie erlebt. Das stimmt überein mit den neuesten Erkenntnissen eurer Wissenschaft, der Quantenphysik. Demnach gibt es nur das, was wahrgenommen wird. Ausserhalb der Wahrnehmung gibt es nichts. Es gibt nicht das so genannte Objektive ausserhalb des Subjektiven. Erst, indem du als Mensch etwas wahrnimmst im Sinne des als wahr zu dir Nehmens, existiert es, wird es ins Leben gerufen.

Dies ist ein sehr wichtiges Prinzip. Es ist für dich von vordringlichster Bedeutung, zu erkennen, dass es nur gibt, was du wahrnimmst, und dass du nur wahrnehmen kannst, weil es dich gibt. Darin liegt der Schüssel zum neuen Erleben deines Menschseins. Wenn du dir erlaubst, zu erkennen und anzunehmen, dass du nur erleben und erkennen kannst, was zu dir gehört. Mit anderen Worten: du kannst nichts ausserhalb von dir wahrnehmen oder erleben. Alles, was du wahrnimmst, alles was du erlebst als Mensch, bist du, gehört zu dir. Und so kann es im eigentlichen Sinne keine Trennung geben, denn dank und durch deine Wahrnehmung verbindest du es mit dir.

Warum dann das Erleben der Trennung, magst du einwenden? Das ist wieder so ein Trick der Schöpferin. Die Trennung ist die Folge des freien Willens, und diesen freien Willen hast du als einziges Wesen bekommen, damit du dich als SchöpferIn erleben kannst. Denn dank deinem freien Willen entscheidest du, was zu dir gehört und was nicht. Und dank dem freien Willen begibst du dich auf die Reise, alles was zu dir gehört, wieder zu dir zurück zu holen.

Und wenn es dir nun gelingt, diese Reise, diesen Weg, nicht zu werten, dann kannst du den Himmel auf Erden erleben. Denn dann weißt du, erlebst du, dass du immer, immer in der Liebe bist, immer eins bist, egal, wo du bist und was du bist, egal was du tust oder nicht tust. Dann wirst du frei, zu sein, wer du bist. Dann wirst du frei, zu tun, was dir entspricht. Dann bist du in deinem Sein nicht länger abhängig von dem, was du im Aussen hast oder nicht hast.

Diese Freiheit ist die Verheissung unseres Christusweges, des Weges, den Christus und Ich, Isis, dir anbieten. Eine ganz neue Freiheit, eine Freiheit im Sinne von: egal, was du tust, egal, wer du bist, egal, wo du bist: du bist immer du. Und indem du immer du bist, bist du immer das UR-ICH im Sinne des Schöpfers, der Schöpferin, die sich auf die Reise macht, sich zu erleben. In diesem Sinne der Freiheit bist du dann immer das Allumfassende, Allseiende, Allliebende.

Und vielleicht kennst du das schon: in dem Augenblick,

in dem du frei bist, fliesst dir alles zu. Dann, wenn es keine Rolle spielt, ob die andern dich mögen oder nicht, sind sie frei, dich zu mögen. Dann, wenn es keine Rolle spielt, ob du reich bist, erlebst du Reichtum im Innern. Und dank dem Gesetz der Spiegelung kannst du dann im Aussen nur Reichtum erleben.

Wenn du hingegen mit allen (polaren) Mitteln versuchst, reich zu sein, schaffst du auf der polaren Ebene. Das bedeutet, entweder es gelingt dir tatsächlich, reich zu werden – doch zu welchem Preis? Oder aber das Universum lädt dich ein, Armut zu erleben, damit du wieder zu deinem inneren Reichtum zurückkehren kannst. So oder so wird dein Reichtum den Gegenpol der Armut aktivieren. Das ist das Gesetz der Polarität.

Immer, egal, was dir im Aussen gespiegelt wird, geht es darum, dass es dir so gespiegelt wird, dass du dich in deiner Essenz erleben kannst. Und manchmal geschieht das, indem du das bekommst, was du dir wünschst – um dann erkennen zu können, dass auch das dich letzten Endes nicht füllt, oder aber du bekommst es nicht, damit du erkennen und erleben kannst, dass du unabhängig von der Schöpfung im Aussen deine Essenz beibehältst. Dass du bist, egal, was im Aussen ist.

Kommen wir noch einmal darauf zurück, was du bist. Wir, Christus und Ich, Isis, gehen einmal davon aus, dass du deiner Essenz nach Liebe bist, Liebe und Einssein. Friede und Einklang. Und du machst dich auf die Reise, um zu erleben, dass du das bist. Wie gesagt, wenn du nichts anderes kennst, weißt du nicht, was du bist, wer du bist. Du bist es ganz einfach. So geschieht diese Reise also aus Liebe. Aus Liebe in dem Sinne, dass du zum Bewusstsein erwachen kannst, dass du bewusst im Sinne der Reflektion erleben kannst, dass du Liebe bist. Du gehst auf die Reise, um zu entdecken und erleben zu können, wer du bist. Wie nun, meinst du, sollte diese Reise aussehen, damit du das kannst?

Wenn alles so ist, wie es deiner Essenz entspricht, wirst du dich nicht erkennen können. Es muss ein Element geben, das es dir ermöglicht, Distanz zu nehmen, nicht das zu sein, was du bist, damit du erkennen kannst, was du bist. Das ist einerseits der freie Wille, wie wir ihn bereist beschrieben haben, andererseits ist es die Schöpfung. Die gestaltete manifeste Welt. Und diese gestaltete Welt wird immer von dir genauso gestaltet, dass du wahrnehmen kannst, wer du bist. Sie muss dir somit ermöglichen, dich zu erkennen in all deiner Essenz. Und das kann sie tun, einerseits indem sie dir die Möglichkeit gibt, zu entscheiden, was du willst. Andererseits, indem sie auf dich zurückweist. Wenn sie so gestaltet wäre, dass sie gleich wäre wie du, würdest du sie mit dir selbst verwechseln. Du müsstest dann sozusagen die Schöpfung haben, um dich zu sein – und das wäre wohl kaum Liebe.

Liebe wäre wohl kaum, wenn du erst Liebe erlebst, wenn deine Schöpfung perfekt ist. Im linearen Sinne. Wenn du allerdings erleben kannst, dass du Liebe bist, egal, was dir begegnet, egal, was du schöpfst, dann erlebst du deine Essenz, und dann kann das Spiel beginnen.

DAS MENSCHSEIN ALS SPIEL

Ja, dann gibt es die Möglichkeit zu spielen. Die Schöpfung als Spiel zu erleben. Im Spiel ist immer klar, dass es Regeln gibt, und es ist klar, dass du spielst, d.h. du bist nicht hundertprozentig identifiziert mit dem, was du spielst. Gleichzeitig bist du dadurch frei, alles zu sein und alles zu erleben. Du kannst dich auf die unmöglichsten Situationen einlassen, weil eh klar ist, dass es ein Spiel ist.

Dies ist eine Sichtweise, die dir sicherlich nicht neu ist, aber nicht unbedingt deinem Erleben entspricht. Wäre es nicht wunderbar, wenn du dein Leben so erleben könntest? Wie ein Spiel, in dem du jederzeit frei bist, die Rolle zu wechseln, die Mitspieler, die Regeln usw. Das ist das Geschenk, das du dir gemacht hast, das der Schöpfer, das Gott dir gegeben hat.

Wenn wir einmal mit etwas konventionelleren Worten den Weg beschreiben, so könnten wir auch sagen: Gott hatte Lust, sich zu erleben, und hat dich auf die Reise geschickt, damit du ihm zeigen kannst, wer er ist. Und weil Gott ja nur etwas schaffen kann, was auch aus seiner Essenz besteht, also göttlich ist, so hat er dich auch göttlich geschaffen. Das heisst, du hast alle Fähigkeiten, die Gott auch hat, auch wenn du nur ein Teil bist von Gott. Im Teil lebt immer auch das Ganze. Und das hast du vergessen. Doch war das Vergessen auch ein Teil der Reise. Und du wusstest, dass das zum Spiel gehört. Und nun darfst du dich erinnern, ja, man könnte fast sagen, du sollst dich erinnern. Sollen im Sinne von: so war es gemeint, so war es von allem Anfang an gemeint. Dass du dir ein Spiel schaffst, das mit der Zeit so absurd wird, dass dein göttlicher Teil in dir rebelliert und sagt: das kann ja wohl nicht sein, das kann ja wohl nicht gemeint sein. Dass dieser dein innerer Teil wieder erwacht, weil er mit so starken Erfahrungen konfrontiert wird, dass er realisiert, wer er wirklich ist. Es war nie die Meinung, er solle sich auf sein Geschöpf reduzieren.

Oder anders gesagt: das Spiel ist heute so absurd geworden, dass es dich einlädt, zu erkennen, was gemeint ist. Immer schon gemeint war. Es ist so polar geworden, dass dir klar wird, dass die Lösung nicht noch mehr Polarität sein kann. Dass du bereit wirst, »woanders« zu suchen. Und dich selbst wieder entdeckst. Im wahrsten Sinne des Wortes ent-deckst. Aufdeckst, was all dem zugrunde liegt.

Das Spiel ist heute so »krass« geworden im Sinne der Polarisierung, dass klar wird, dass es nur ein Spiel ist. Und dass du nicht eins bist mit diesem Spiel. Oder anders gesagt: dass alle Pole zu dir gehören, dass du mehr bist als nur dieses Spiel. Wie heisst es doch so schön in der Werbung überall heute: »mehr als ... ein Tram / mehr als Kaffee / mehr als ...« Damit zeigt sich dieser Aspekt sehr deutlich. Was dir im Aussen gespiegelt wird, ist nicht deine Essenz, sondern ein Weg zu deiner Essenz. Die Reflektion im Sinne der Spiegelung.

DIE SPIEGELUNG

Bleiben wir einen Augenblick bei der Spiegelung. Es ist heute allgemein bekannt, wie wichtig dieser Aspekt in der frühen Kindheit ist. Das Kind muss sich in den Augen der Mutter spiegeln können, um sich als Ich zu erleben.

Und wie könnte es anders sein: in der Schöpfung gelten die Regeln, die für deine Reise auch gelten.

Du als das Ur-ICH musst dich in den Augen der Schöpfung, deiner Schöpfung, spiegeln können. Nun hast du allerdings gemeint, wenn die Spiegelung z. B. unfreundlich war, du seiest deinem Wesen nach unfreundlich. Du hast in den Spiegel deiner Schöpfung geschaut, und hast dich nicht erkannt als das strahlende liebevolle Wesen, das du warst. Und warum nicht? Weil du vergessen hattest, wer du bist. Und dann hast du das Spiegelbild verwechselt. Der Spiegel war nicht mehr rein. Eigentlich müssten wir das Bild in diesem Falle umkehren und sagen: DU bist der Spiegel, in dem sich die Schöpfung reflektiert. Und nun bist du eingeladen, diesen Spiegel wieder so zu reinigen, so blank und strahlend und rein werden zu lassen, dass die Grossartigkeit sich darin spiegeln kann. Wenn du als Spiegel nicht klar und rein bist, wirst du Entsprechendes spiegeln. Dann wirst du das, was sich in dir reflektiert, in einer etwas getrübten Version widerspiegeln. Dann kannst du kein reiner Spiegel sein. So gesehen ist dann die Schöpfung ein Spiegel deiner Unreinheit. Die Schöpfung spiegelt dir dann, wo du nicht rein bist. Rein im Sinne deiner ursprünglichen Essenz.

Die Schöpfung, wie du sie heute erlebst, in ihrer »Unklarheit, Unreinheit, Imperfektion«, spiegelt dir, wo du deine Perfektion verlassen hast. Aber nicht im wertenden polaren Sinne von: »Schau, was du falsch gemacht hast. Jetzt bist du nur noch so unvollkommen.« Sondern vielmehr im Sinne von: »Schau, da bist du in die Falle getappt. Da hast du gemeint, da hast du vergessen, wer du bist.«

Es wird dir aus Liebe gespiegelt – anders könnte es gar

nicht sein. Es wird dir dank und mit der Schöpfung gezeigt, wo du vergessen hast, wer du bist. Nicht im Sinne einer Strafe, das wäre das polare Denken. Nein, im Sinne der Liebe. Denn Liebe bedeutet hier: du erkennst, wer du in Wahrheit bist. Und wenn du das erkennst, dann kannst du nur noch Liebe erleben, dann bist du Liebe, egal, was ist. Das ist die Liebe und die Freiheit, die mit der Liebe einhergeht.

Vielleicht ist diese Sichtweise etwas gewöhnungsbedürftig, hast du dich doch daran gewöhnt, die Erfüllung im Aussen zu suchen und zu finden. Und doch weißt du, wenn du schon eine Weile unterwegs bist, dass die Erfüllung letzten Endes niemals von aussen kommen kann. So wie auch die Liebe niemals von aussen kommen kann. Du kannst nur erleben, was in dir lebt. Und weil das so ist, versuchen die Menschen, die sich vergessen haben, immer noch mehr zu haben, immer noch mehr zu sein, weil sie es über das Aussen, im Aussen suchen – dort, wo sie es niemals finden werden.

Angenommen, der Schöpfer hätte es so eingerichtet, dass du die Liebe, die Erfüllung nur über das Aussen, im Aussen finden könntest – wäre das Liebe? Wohl kaum. Dann wärst du auf ewig verdammt, tun zu müssen, leisten zu müssen, holen zu müssen usw. … Liebe kann nur sein, dass du alles in dir hast. Denn dann brauchst du niemanden, dann bist du nicht abhängig davon, ob jemand dir das schenken will, was du brauchst und du musst nichts tun, um geliebt zu sein …

Stell dir vor: du hast in dir kein Gefühl von Liebe, und meinst, es könne und müsse von aussen kommen. Du findest nun 100 Leute, die dir ihre Liebe erklären. Wirst du dann Liebe fühlen und erleben? Wirst du Liebe erleben, wenn du dich selbst nicht liebst, aber ein Haufen anderer Menschen dich liebt? Oder wirst du Liebe erleben, wenn du dich selbst liebst? Schaue einmal genau nach. Betrachte dein Leben und schaue, wann du Liebe, wann du Erfüllung erlebt hast. Kam die Liebe, kam die Erfüllung von Aussen oder von Innen?

Natürlich heisst das nicht, dass nicht auch Erfüllung von Aussen kommen kann. Aber sie kann dich nur füllen, wenn du sie bereits im Inneren lebst und kennst. Wenn nicht, wirst du ihr keinen Platz, keine Resonanz in dir geben können.

DIE UMKEHR

UND SO SPRECHE ich gern von der Umkehr. Die Umkehr als Weg und als Spiegelung. Wenn dein inneres Kind davon spricht, dass es verlassen wurde, so ist das ein Zeichen, dass du DICH verlassen hast, deine Essenz verlassen hast. Wenn dein inneres Kind sich nicht geliebt fühlt, dann ist das ein Zeichen, dass du DICH nicht liebst. Wenn du als Mensch das Gefühl hast, betrogen worden zu sein, so hast du DICH betrogen, verraten. Du bist dir selbst nicht treu geblieben. Dir, deinem Kern, deinem Innersten. Und die Reihe liesse ich beliebig fortsetzen.

Alles, was du als Menschenkind empfindest, ist eine Spiegelung von dem, was du deinem Göttlichen antust. Wie heisst es doch in der Bibel: »Alles, was du dem Geringsten tust, tust du mir …« oder so ähnlich. Alles, was du einem anderen Menschen antust, alles, was du dir selbst antust, tust du Gott an. Tust du deinem innersten göttlichen Kern an. Und so ist dein inneres Kind die übersetzte Stimme Gottes in dir. Wenn dein Kind bedürftig ist, dann, weil es nicht spürt, wie es von Gott in deinem Inneren genährt wird. Wenn es bedürftig ist, dann bedarf es des Trostes vom Höchsten in dir.

Und du hast gemeint du müssest es im Aussen suchen und holen und finden. Und wie verzweifelt warst du, wenn du es nicht gefunden hast. Eine doppelte Scham: nicht nur hattest du DICH verlassen, nein, du konntest auch niemanden oder nichts finden, was dir half. Weil eben nur das WAHRE, das ECHTE hilft.

Dein Partner, deine Freunde, sie alle spiegeln dir, wie du in Beziehung bist – oder eben nicht bist – mit deiner innersten Wahrheit. Und das ist das Geschenk. Dass sie es dir so spiegeln, dass du es erkennen kannst. Und danach handeln. Sofern du natürlich weißt, worum es geht. Und bereit bist, es im Inneren zu suchen. Das ist, zugegebenermassen, nicht immer einfach. Aber lohnenswert. Denke an deinen Vorgänger, Jesus den Christus. Er hat es dir vorgelebt, damit du den Weg erkennen, kennen kannst. Er ist wohl als König gekommen, aber nicht als solcher im Aussen erkennbar gewesen: keine Königsrobe, keine noble Geburt, kein Reichtum im Aussen kennzeichneten und begleiteten ihn. Er kam als einfacher Mann, in einfachen Verhältnissen geboren, und sprach davon, wie schwierig es für einen Reichen ist, ins Himmelreich zu kommen. Nicht, weil am Reichsein etwas falsch wäre. Nein, weil ein Reicher vermeintlich von Aussen gefüllt ist, bzw. den Reichtum dort sucht – und in diesem Sinne möglicherweise weniger motiviert ist. Das Kompensieren ist eher möglich.

Ja, das Kompensieren – so ziemlich alles, was du im Aussen suchst, ist ein Kompensieren. Weil du es im Inneren verloren hast, suchst du es im Aussen. Auch hier kann dir die Spiegelung helfen. Und auch hier kannst du dich erinnern, wie wenig dich das Aussen wirklich in deinem Innersten füllen kann. Kennst du nicht die Leere nach einem Erfolg, die Leere nach dem Erreichen eines Zieles? Warum meinst du, kommt die Leere und nicht die Fülle? Weil die Fülle niemals von dort kommen kann. Weil du allen Reichtum, allen Erfolg dieser Erde haben könntest, und alle Zuneigung, – und dennoch leer bleibst, sofern du das alles nicht in deinem Innersten schon kennst und erlebst und bist.

Wenn du allerdings in deinem Innersten das alles lebendig sein lässt, wenn Reichtum und Liebe in deinem Innersten leben, dann wird der Reichtum und die Liebe im Aussen zusammenfliessen und sie werden sich gegenseitig potenzieren.

Bevor wir zur Potenzierung kommen, noch ein Wort zur Umkehr: die Umkehr ist ein Weg, nicht ein Ziel. Sie ist wie eine Sprache, die du erlernen kannst. Indem du dir erlaubst, alles, was du über das Aussen erlebst, als Spiegel zu erleben für die Beziehung zu deinem Innersten, wirst du erlöst, erlöst du deine Trennung.

DIE VERBINDUNG ALS ÜBERSETZUNG

Und hier haben wir die Übersetzung von der Einheit in die Dualität. Die Beziehung, oder besser noch die Verbindung, ist das Instrument der Übersetzung. Wenn du etwas im Aussen erlebst, was dir nicht gefällt, so nimm es als Zeichen für einen Mangel an Verbindung. Nicht einen Mangel von dir, sondern nur einen Mangel in der Beziehung, bzw. Verbindung mit dir!

Wenn du verlassen wirst, dann nicht, weil du verlassenswert bist, sondern, weil du dich, deine Verbindung zu dir selbst, verlassen hast. Wenn du im Aussen nicht geliebt wirst, dann nicht, weil du nicht liebenswert bist, sondern weil du die Verbindung zu deiner Liebe verloren hast. Wenn du arm bist im Aussen, dann nicht, weil du es nicht wert bist, Fülle zu erleben, sondern weil du die Verbindung zu deiner Fülle verloren hast.

Und die Liste liesse sich beliebig fortsetzen. Du kannst jedes Wort einsetzen: wenn du … im Aussen bist/hast, dann nicht, weil du … bist/hast, sondern weil du die Verbindung zu diesem Aspekt deines wahren Selbst verloren hast. Und nun die Zeit reif ist, die Verbindung zu diesem Aspekt wieder herzustellen.

Deshalb auch kann es scheinen, dass die Herausforderungen immer grösser und schwieriger werden. Nicht, weil du etwas falsch gemacht hast, im Gegenteil. Dein wahres Ich ruft dich einfach noch dringender und drängender. Jede Ungeduld ist auch so zu verstehen. Du möchtest endlich ankommen: ja, dein wahres Selbst wartet darauf, dass du endlich wieder bei »IHM« ankommst. Gott wartet darauf, endlich wieder mit dir vereint zu sein. Damit die Trennung aufgehoben ist, und ihr wieder eins sein könnt. Einssein im Bewusstsein der durchlebten Trennung, der durchlebten Polarität. Das ist die Potenzierung.

DIE POTENZIERUNG ZUR LIEBE

KANN DENN GOTT potenziert werden?, wirst du dich fragen. Gott ist doch schon alles, das Höchste – wie kann ER sich erweitern? Nun, wie ich schon sagte, indem er sich mit allen Teilen seines Selbst wieder vereinigt UND das Bewusstsein, das jedes dieser vorher abgetrennten Teile erlangt hat, durch und mit der Vereinigung geschenkt bekommt. Damit wird Gott im Grunde erst seine Grossartigkeit bewusst. Und durch das Bewusstwerden seines Selbst erlebt Gott LIEBE. So erlebt Gott, dass er geliebt wird.

Und wenn ich hier von Gott spreche, so meine ich damit das Allseiende, den Ur-Seinszustand. Es ist damit nichts Männliches gemeint und auch nichts Definiertes, wie du es von den Religionen her kennst. Dennoch benutze ich gern diesen Begriff, wie auch andere (christliche) Begriffe, um sie zu heilen. Um sie zu ihrer Essenz zurück zu führen und damit auch all die Wunden, die im Namen des Christentums erlebt und zugefügt wurden, wieder zu heilen. Auch hier die Erweiterung. Nichts muss abgelegt, negiert oder abgelehnt werden – damit würden wir die Trennung fortsetzen. Vielmehr geht es bei diesem neuen Christusweg darum, neue Bedeutungen zu finden. Bedeutungen, die dich im Erleben der Liebe unterstützen.

Kommen wir also zum Akt der Wiedervereinigung von

dir als Mensch mit (dir als) Gott. In diesem Akt erst wird Liebe erlebbar. Gerne benutze ich das Bild vom Licht und von der Liebe. So könnten wir Gott als Licht definieren und den Akt der Vereinigung von Gott mit dem Menschen als Liebe. Liebe als der Zustand, in dem ich mich erkenne und mir erlaube, eins zu werden. Liebe als das bewusste Erleben der Einheit. Im Gegensatz zum Licht, das sich nicht bewusst erlebt, sondern ganz einfach strahlt. Strahlt, weil es strahlen muss, weil es nichts anderes kennt. Die Liebe hingegen ist ein bewusster Akt. Dafür, und letzten Endes nur dafür, hast du den freien Willen bekommen, hast du dir den freien Willen geschaffen. Damit du erkennen kannst, wer du in Wahrheit bist und dich in diesem Sosein annehmen kannst, empfangen kannst.

Die Liebe als der Akt des Empfangens aufgrund der Verbindung. Angenommen, du bist als Mensch bereit geworden, dich in einem Aspekt deines Seins wieder mit Gott zu vereinigen. So erlaubst du dir, diesen Aspekt als Teil deines wahren Seins zu erkennen. Und in diesem Augenblick, wo du diesen Aspekt deines wahren Seins erkennst, liebst du ihn und damit dich. Liebst du dich als Mensch. Und wer, meinst du wohl, liebt dich als Mensch? Wie kannst du Gottes Liebe erleben, wenn nicht du selbst es bist, der liebt? Du kannst nur erleben, was du selbst bist. Anders ist es gar nicht möglich. Eine reine Sache der Logik. Wenn du also die Liebe Gottes erlebst, wenn du dich von Gott geliebt fühlst, dann bist du es, der liebt. Dann erlebst du dich gleichzeitig als Geliebte und als Liebende. Du bist mit Gott eins in deinem Menschsein. Oder vielmehr erlebst du, dass dank deinem Menschsein Gott sich überhaupt lieben kann. Dank dir als Mensch, dank der Tatsache, dass es dich als

Mensch gibt, kann Gott überhaupt lieben. Und indem du dir erlaubst, »seine« Liebe anzunehmen, schenkst du ihm seine Liebe.

DER CHRISTUSWEG ALS AUFERSTEHUNGSWEG GOTTES

IMMER WIEDER BEGEGNEST du dem gleichen Paradox: dem Paradox, dass letzten Endes du als Mensch Gott schaffst. Dank dir aufersteht Gott im Sinne des Christus. Indem Gott gestorben ist, als du ihn vergassest, liegt es nun in deiner Macht, Gott wieder auferstehen zu lassen. Du, Mensch, bist der Ort, bist die Instanz, die Gott zum Leben erweckt, und damit Gott ermöglicht, zu erkennen, wer er ist. Du, Mensch, bist die Instanz, dank der Gott nach seinem »Vergessens-Tod« wieder auferstehen kann. Und dieser Weg der Auferstehung dank dir als Mensch: das ist der Christusweg.

Auferstehung bedeutet zu neuem Leben erwachen nach einem Tod oder todesähnlichen Erlebnis. Auf dem Christusweg, wie Jesus von Nazareth ihn euch vorgelebt hat, ist er als Mensch gestorben, indem er sich kreuzigen liess. Auch dieses Bild lässt sich neu deuten im Sinne der Heilung.

Jesus der Christus war bereit, als Mensch zu sterben, er war bereit, alles, was er kannte, aufzugeben, um zu einem neuen Leben zu erwachen. Das ist, so gesehen, nicht neu und zeichnet die meisten spirituellen Wege aus. Was vielleicht nie richtig verstanden wurde, bzw. nur begrenzt, war die Kreuzigung. Da ihr es gewohnt seid, zu werten und polar zu denken, habt ihr daraus den Leidensweg gemacht. Ihr habt die Kreuzigung so gedeutet, dass ihr leiden müsst in dieser Aufgabe des Menschseins. Und nun ist etwas Neues hinzugekommen, etwas Neues gemeint.

Kreuzigung nicht als Leidensweg, sondern – neutral gesehen – als die Kreuzung der beiden Achsen: der vertikalen und der horizontalen Achse, die du als Mensch kennst. Die vertikale Achse ist das ICH BIN, die Verbindung von Himmel und Erde, Deine Aufrichtung und dein Bewusstsein des Höchsten, deine Göttlichkeit. Die horizontale Achse ist die polare Achse des Männlichen und Weiblichen, der Gegensätze, so wie du sie in deinem Menschsein kennst, die Achse des Sohnes, die Achse des DU. Wenn nun die beiden Achsen, die göttlich-vertikale und die menschlich-horizontale sich kreuzen, geschieht etwas. Die beiden werden zu einem Kreuz vereinigt. Und in der Mitte des Kreuzes werden die Achsen eins. Wenn wir nun das Kreuz sozusagen im Körper suchen, wenn wir schauen, wie Jesus am Kreuz hing, so zeigt sich, dass seine Arme der horizontalen Achse entsprachen, seine Füsse und sein Kopf in der Verbindung der vertikalen Achse. Und in der Mitte war sein Herz. So sehen wir einerseits, wie das Herz das Kreuz, die Kreuzigung aufhebt. Und wir kommen gleich noch einmal darauf zurück. Andererseits zeigt sich mit diesem Bild auch ganz klar, dass Jesus dadurch auferstanden ist, dass er sich erlaubt hat, ganz in den Körper hinein zu gehen und sich jede Möglichkeit genommen hat, den Körper zu verlassen. Erst, nachdem er gekreuzigt und vom Kreuz weggenommen worden war, hat er den Körper verlassen.

Ich wiederhole noch einmal: warum gerade das Bild des Kreuzes? Natürlich wirst du einwenden, dass das nun einmal damals so üblich war. Und dennoch – er hätte auch anders sterben und auferstehen können. Er hätte ermordet werden können, er hätte ganz einfach bewusst sterben können, so wie es östliche Meister tun, usw. Der Möglichkeiten sind viele.

Mit dem Weg der Kreuzigung vermittelt Jesus der Christus dir zwei Botschaften: die eine ist die, dass er es öffentlich tut, dass er sich der menschlichen Jurisdiktion unterwirft, und damit sich ganz an die Gesetze, bzw. Spielregeln hält, die auf der Erde gelten. Er hat für sich keine Spezialregelung in Anspruch genommen. Er war Mensch wie du. Und die zweite Botschaft: die Auferstehung erfolgte dank der Kreuzigung. Dank der Bereitschaft, die beiden Achsen miteinander zu verbinden. Und dann ist es natürlich, wenn er die beiden Achsen verbindet, dass er als Mensch gestorben ist – und als Meister auferstanden.

Wenn du dir erlaubst, die beiden Achsen zu verbinden, erlöst du dein Menschsein und erwachst zu deinem Bewusstsein als Gott. Wenn du dir erlaubst, gleichzeitig Gott und Mensch zu sein und dies in deinem Körper – dann erlebst du die Auferstehung dank der Kreuzigung.

Kreuzigung verstanden als Weg der Transformation. Und, wie ich schon sagte, ist der Ort, an dem die beiden Achsen eins werden, das Herz. Das Herz als Ort oder Weg für dich, als Mensch, deine doppelte Natur zu erleben: dein Menschsein und dein Gottsein in ihrer Gleichzeitigkeit und Gleichwertigkeit.

Das alles mag dir etwas an den Haaren herbeigezogen erscheinen. Und dennoch lade ich dich ein, ein wenig zu reflektieren. Was für einen Sinn macht es, dass Gott Teile von sich auf einen Leidensweg schickt? Wollte Gott dich als

Mensch, sich als Mensch, wirklich leiden sehen? Natürlich ist klar, dass auch das Leiden Teil des Weges war. Und kein falscher Teil. Kann er gar nicht sein, da er ist und gewesen ist. Nun ist jedoch die Zeit gekommen, wo du wählen kannst, ob du weiterhin leiden willst im Sinne der Trennung, oder ob du diesen neuen Weg Christi Auferstehung gehen willst.

Dabei ist wichtig zu unterscheiden, dass es nicht darum geht, keinen Schmerz mehr zu erleben. Allzu gross ist die Versuchung, dies zu meinen. Damit jedoch ist dein nächstes Leiden bereits vorprogrammiert, denn dann müsstest du dich von deinem Schmerz trennen. Und das, so möchte ich behaupten und nahe legen, ist das Leiden. Das Leiden ist der Akt, durch den du dich von dir selbst trennst. Leiden hat grundsätzlich nichts mit Schmerz zu tun. Und umgekehrt ist der Schmerz ganz einfach ein Gradmesser, ein Gradmesser für deine Verbindung. Er sorgt sozusagen für die Verbindung, dort, wo sie nicht mehr erlebt wird. Dank dem Schmerz erlebst du Verbindung zu Teilen, die du bewusst nicht als zu dir gehörig erlebst.

Wie du weißt, gibt es nach einer Narkose einen Schmerz beim Aufwachen. Das bedeutet, Schmerz ist ein Zeichen des Erwachens. In dem Augenblick, in dem der Schmerz sich meldet, ist der Schlaf vorbei, wird die Verbindung wieder aktiv wahrgenommen. Und wenn du diesen Schmerz nicht wertest, sondern einfach als Schmerz wahrnimmst, nimmst du auch den Teil wahr, der über den Schmerz mit dir verbunden wird.

Leiden ist die Folge der Trennung, der Wertung. Leiden ist die Folge davon, dass du entscheidest, einen Teil von dir als nicht zu dir gehörig zu akzeptieren.

Und dieser neue Christusweg verspricht, das Leiden im Sinne der vorangegangenen Trennung aufzuheben. Dass dies nicht immer ohne Schmerzen vor sich gehen kann, ist aufgrund des Gesagten nahe liegend. Aber, wie du weißt, gibt es auch einen süssen Schmerz. Einen Schmerz, der Liebe verheisst, der Liebe ist. Ähnlich wie die Sehnsucht dich mit dem verbindet, wonach du dich sehnst. Sehnsucht als Herzschmerz. Und wir sagten ja bereits weiter oben, dass das Herz der Ort ist, in dem Verbindung stattfindet. Und der Schmerz enthält das Herz: (Sc)H-(m)erz …

DER SCHMERZ DER WIEDERVEREINIGUNG

DER SCHMERZ ALSO als Gradmesser oder Ausdruck der Wiedervereinigung. Und stell dir vor, du wertest diesen Schmerz nicht – könnte es dann gar möglich sein, dass dieser Schmerz sich in Lust verwandelt? Schmerz in Lust verwandeln – klingt das nicht gar pervers?, wirst du dich fragen.

Für das polare Verständnis und Denken dürfte das so klingen. Denn in deinem Menschsein gibt es sehr wohl einen Unterschied zwischen den beiden, und nur bestimmte Menschen mit bestimmten Neigungen erleben Schmerz und Lust gekoppelt.

Hier ist nicht eine Koppelung gemeint. Hier ist vielmehr ein neues Erleben gemeint. Ein Erleben, das du noch nicht kennst, aber als Verheissung vor dir liegt. Wenn du den Schmerz ganz in Liebe annimmst – wohlgemerkt nicht im alten Sinne des Erduldens und Leidens! –, so erlöst du ihn und führst ihn in die Lust.

Im Schmerz begegnen sich zwei widerstreitende Kräfte, ebenso wie in der Lust. Der einzige Unterschied, könnte man sagen, ist der, dass bei der Lust die Vereinigung gesucht wird, und beim Schmerz die Trennung. Als Bewegung könnte man das so beschreiben, dass bei der Lust zwei gegensätzliche Kräfte sich aufeinander zu bewegen, während sie sich beim Schmerz von einander weg bewegen.

Somit wäre der Schmerz ein Hinweis darauf, dass du dich von dem, was dich schmerzt, wegbewegst (innerlich oder äusserlich, gedanklich oder emotional), während du dich bei der Lust auf das zu bewegst, was dir Lust bereitet. In beiden Fällen geht es um die Vereinigung.

Und: weil du als Mensch nur in der Vereinigung leben kannst, muss dieser Mechanismus des Schmerzes manchmal zum Zuge kommen. Was bedeutet das? Nun, du als Mensch bist gelebte Vereinigung. Ohne eine vorangegangene Vereinigung gäbe es dich nicht. Das siehst du daran, dass du als Kind aus der Vereinigung deiner Eltern hervorgegangen bist. Es braucht die Vereinigung des Männlichen und Weiblichen, damit ein Kind gezeugt werden kann. Gut, du bist also manifest gewordene Vereinigung. Als manifest gewordene Vereinigung muss es Garantien geben, dass du unter allen Umständen vereinigt bleibst, auch wenn du aufgrund deines freien Willens entscheidest, nicht vereinigt zu sein. Dieser Mechanismus ist der Schmerz.

Und wenn du bereit geworden bist, die Vereinigung nicht nur einfach als gegeben hinzunehmen und zu zulassen, sondern sie bewusst zu erleben, dann erlebst du sie als Lust. Die Lust ist bewusst erlebte Vereinigung.

Hier noch eine Grundsatzbemerkung: Der hier beschriebene Weg ist ein Weg der Bewusstwerdung. Es ist nicht ein Weg, der zur Vereinigung führt, denn die hat sich bereits vollzogen, sondern es ist der Weg, der zum ERLEBEN DER VEREINIGUNG führt.

Wir werden später noch einmal auf die Lust zurückkommen. Ich möchte hier noch einmal auf weitere Kompensationsmechanismen zu sprechen kommen, die sozusagen eine verschobene Verbindung sind. Oder anders gesagt: die eine Einladung zur Verbindung sind. Sie sind so gestaltet, dass sie unserer Essenz zu widersprechen scheinen in dem Sinne, dass sie als unangenehm erlebt werden. Dazu gehört, wie wir gesehen haben, der Schmerz. Ein weiterer Mechanismus ist die Angst. Auch sie erleben wir als unserer Essenz nicht entsprechend oder gar widersprechend. Grundsätzlich lässt sich sagen, dass alles, was wir als unangenehm in diesem Sinne erleben, eine Einladung zur Verbindung ist. Wie ein Weckruf oder eine Erinnerung: »Ah, ja, natürlich, das bin ich ja gar nicht, nun sollte ich mich wieder erinnern …« Das Erleben von Trennung gehört selbstverständlich in die gleiche Kategorie.

DIE ANGST

DIE ANGST GILT es nun auch in diesem Sinne neu zu definieren. Nicht – und das gilt für alle diese Mechanismen oder Phänomene – im Sinne von: ich mache etwas falsch, wenn ich das erlebe, sondern als neutralen Ruf der Einheit, der Essenz. Das ist ein erster und sehr grundlegender Schritt zu einem neuen Erleben. Die Schöpfung, der Schöpfer und damit unsere Essenz kennt keine Wertung, kennt kein falsch und richtig. Sie kennt nur das, was ihr entspricht. Wenn also etwas erlebt wird als nicht entsprechend, so ist dies ein Zeichen, nicht mehr, nicht weniger.

Kommen wir auf die Angst zurück: die Angst kommt ja bekanntlich von Enge. Es wird eng. Warum wird es eng? Weil das, was uns Angst macht, zurückdrängt, uns in die Enge drängt, uns drängt, diesen Teil, diesen Aspekt, dieses Gefühl wieder zu verbinden. Angst als ein Drängen nach dir selbst!

Vielleicht nimmst du dir einen Augenblick Zeit und denkst an eine dir bekannte Angst. Etwa, die Angst, allein zu sein. Und nun reagierst du auf sie, wie du immer reagiert hast: mit Angst oder Ablehnung oder Zurückweisung – »ich will diese Angst nicht« – was geschieht? Was spürst du? Ja, es wird noch enger, die Angst nimmt zu. Und nun spürst du noch einmal die Angst, allein zu sein, und wirst neugierig. Angst, allein zu sein? Du darfst diese Angst haben, du darfst die Angst haben vor dem Alleinsein. Du erlaubst dir die Angst – was geschieht? Die Angst kann sozusagen ein wenig aufatmen, sie darf sein. Und nun gehst du noch einen Schritt weiter. Nicht nur darf die Angst sein, sie ist sogar gültig. Gültig in dem Sinne, dass es nie so gemeint war, dass du allein sein solltest. Vielleicht hast du ja Angst vor dem All-eins-sein? Möglich. Gleichzeitig und vor allem weist dich deine Angst vor dem Alleinsein auf die Möglichkeit hin, dass es dir nicht entspricht, allein zu sein. Du bist nicht allein, warst nie allein, sollst nie allein sein. Immer ist »jemand« für dich da, mit dir da. Und wer ist dieser jemand? Könnte es sein, dass du das bist? Du in deinem

Gott-Aspekt? Wenn also dein inneres Kind Angst hat, allein zu sein, darf dein Gott-Aspekt dieses Kind trösten und ihm versichern, dass es von ihm nie im Stich, nie allein gelassen wird. Wie fühlt sich das an? Wie fühlt sich das innere Kind, wenn du ihm versicherst, dass du es nicht (mehr) allein lassen wirst? Ist das nicht wunderbar?

In diesem Augenblick ist dank deiner Angst vor dem Alleinsein eine neue Verbindung entstanden, ist ein neues Band geknüpft worden zwischen dir in deinem Menschenkind-Aspekt und dir in deinem Gott-Aspekt. Und wenn du nun jedes Mal, wenn sich diese Angst meldet, gleich vorgehst, wird das Kind mit der Zeit wissen, dass es keine Angst mehr zu haben braucht, weil immer »jemand« für es da sein wird – und, was meinst du, geschieht dann? Ja, das Kind wird die Angst nicht mehr brauchen, die Angst wird verschwinden.

Dies kannst du selbstverständlich mit allen Ängsten tun. Entscheide dich, die Angst als dieses Drängen nach dir selbst anzunehmen. Allein schon mit dieser Entscheidung verliert jede Angst das Erschreckende, weil sie nicht mehr gewertet wird. Die Wertung ist ein wesentlicher Faktor bei dem, was du als unangenehm erlebst.

Deshalb liegt uns, Christus und mir, so viel daran, dir einen neuen Kontext für dein Menschsein zu vermitteln. Denn dieser neue Kontext, diese neue Sichtweise, gibt deinem Menschsein sozusagen eine neue Farbe, die Farbe der Liebe. Wenn du alles, restlos alles, in dieser Farbe bereit bist zu sehen, dann wird sich, logischerweise, alles in dieser Farbe färben, du kannst es gar nicht mehr in einer anderen Farbe sehen.

Nun könntest du dich fragen, warum wir hier von Farbe

und nicht von Licht sprechen. Die Farbe ist Ausdruck des Lichts in der Polarität. Hätten wir das Bild des Lichts gewählt, wäre die Gefahr gross, wieder zu polarisieren. So ist das Licht als Selbstverständlichkeit enthalten, denn alles ist vom Licht durchdrungen, nur erkennst du Licht in seiner reinen Form nicht mit deinen physischen Augen auf die gleiche Weise, wie du Farben mit deinen physischen Augen erkennst.

Und so knüpfen wir an den Begriff der Farbe an und laden dich ein, Farbe zu bekennen. Indem du die Farbe der Liebe wählst für sämtliche Erfahrungen, die du als Mensch machst, bekennst du Farbe. Du bekennst dich zur Farbe der Liebe. Und indem du dich zur Farbe der Liebe bekennst, färbst auch du dich in der Farbe der Liebe. Und, wie könnte es anders sein – alles, was du tust, wird von dieser Farbe gefärbt, mit dieser Farbe gefärbt sein. Ausdruck dieser Farbe sein.

Wenn du die obige Übung mit der Angst noch etwas schwierig gefunden hast, so kannst du es auch so versuchen: Wähle eine Farbe, die für dich Liebe symbolisiert, Liebe ist. Gehe dabei assoziativ vor, nicht mental. Das heisst, du schaust, welche Farbe spontan bei dem Begriff Liebe vor deinem inneren Auge auftaucht – du wählst nicht die Farbe, die du von verschiedenen Theorien her als die Farbe der Liebe kennst. Es kann dies also eine Farbe sein, die du »bewusst« niemals mit Liebe in Verbindung bringen würdest. Dann, wenn du »deine« Farbe gefunden hast, denkst du an deine Angst. Und du schenkst dieser deiner Angst deine Farbe, du füllst sie mit dieser Farbe, du umhüllst sie, was immer für dich geht und funktioniert. Und dann werde neugierig, was geschieht. Oder du gehst umgekehrt vor: Du färbst dich selbst mit dieser deiner Farbe der Liebe und stellst dir dann deine Angst vor. Was geschieht?

Wir schlagen dir diese Übungen vor, damit, wenn dann tatsächlich eine Angst auftaucht, du schon geübt hast, dein System bereits informiert ist. Das hilft, denn es ist in der Regel in der eigentlichen Situation schwieriger, dein System mit neuen Informationen zu durchdringen und zu tränken.

Kommen wir zur Angst zurück: dein Drängen zu dir selbst. Alles drängt zu dir selbst. Das haben wir oben bereits festgestellt. Das allein ist schon Ausdruck der Liebe. Die Liebe, die darin besteht, dass alles, restlos alles, nur zu dir selbst zurückführen kann. Dich zu dir zurückführen kann. Und in dem Augenblick, in dem dieser Teil, der zurückgeführt werden wollte, wieder bei dir angekommen ist, erlebt er diese Liebe, erlebst du diese Liebe.

DIE LIEBE

DIE LIEBE ALS der Augenblick, in dem die scheinbar von dir getrennten Teile wieder zu dir zurückfinden und mit dir eins werden – auf dieser neuen Ebene der Liebe als erlebter Verbindung.

Liebe ist so gesehen das Erleben der Tatsache, dass beides ist und sein darf: dein Gottsein und dein Menschsein. Wie heisst es doch so schön: die Liebe überwindet jede Grenze. Indem du zuerst Grenzen gesetzt und erlebt hast, wird es dir möglich, Liebe zu erleben. Es ist wie mit den Farben: gäbe es nur das Licht und keine Farben, könnten wir – und ich sage hier bewusst wir –, Du und Ich, niemals erleben, dass es Licht gibt. Wir wären ganz einfach eins mit diesem Licht. Ebenso ist es mit der Liebe. Gäbe es nur die Liebe, wären wir eins mit der Liebe. Wir könnten sie niemals erleben.

Mit der Liebe im Sinne der Verbindung deiner beiden Aspekte – ich könnte auch sagen, im Sinne der Verbindung von dir und mir – erlebst du dich im Höchsten. Du erlebst dich in deiner Fähigkeit, alles zu sein. Im Augenblick der Liebe erlebst du dich als Alles, was ist. Du erlebst dich als diese Kraft, dank der und mit der alle Grenzen aufgehoben werden und alles wieder eins wird. Und weil dies nun eine bewusst erlebte Liebe ist, hat sich ein neues Element eingeschlichen: das Bedürfnis zu teilen. Ein Überfluss sozusagen. Eine Liebe, die so voll ist von sich selbst, sich ihrer Selbst so bewusst ist, dass sie geteilt werden will und muss, und damit potenziert und vervielfacht sie sich laufend. Und schöpft immer wieder Neues, mit dem sie sich teilen kann.

Auch dies also ein Schöpfungsprozess, eine neue Sichtweise des Schöpfungsprozesses. In dem Augenblick, in dem das Teil mit dem Ganzen dank dir als Mensch verbunden wird, wird es in einer neuen Potenz, der Potenz der Liebe, geschaffen.

Oder noch einmal anders gesagt: dank diesem Verbindungsprozess der zu Bewusstsein führt, wird das ERLEBEN der Liebe möglich. War vorher die Liebe einfach, im wahrsten Sinne des Wortes, im Sinne der Einheit, so ist sie nun vervielfacht worden dank dem Erleben. Indem du die Liebe erlebst, vervielfachst du sie und führst sie zu ihrer Potenz.

Bis jetzt hast du die Liebe als etwas gesehen, was dir von aussen gegeben wird, sei es von einem anderen Menschen, sei es von Gott. Nun ist die Zeit gekommen zu entdecken, dass Liebe eine Entscheidung ist. Wenn Du Dich entscheidest, mit dir selbst in Verbindung zu sein, erlebst du die Liebe der Verbindung. Und letzten Endes gibt es nur diese Liebe. Liebe als der Vorgang, das Erleben, das geschieht, wenn »der verlorene Sohn heimkehrt« – wenn der verlorene Teil wieder zum Ganzen zurückkehrt. Wenn Anfang und Ende eins werden, wenn die Gegensätze sich berühren und verbinden.

Das eigentliche Erleben ist natürlich schon ein Akt des Empfangens. Das heisst, du als Mensch bist bereit, als Raum zu dienen für die Verbindung. Ohne diesen Raum ist das Erleben nicht möglich. In der Enge, auch im Sinne der Angst, ist Liebe nicht möglich, bzw. das Erleben der Liebe ist nicht möglich. Liebe ist ja, wie wir gesehen haben, in allem, alles ist Liebe. Aber erleben tut ihr das nicht unbedingt immer. Das Erleben der Liebe setzt deine Bereitschaft voraus, als Raum zu dienen. Und dies ist, für euer menschliches Erleben, ein eher passiver Akt, ein Akt des Empfangens – oder noch besser, ein Akt, in dem ihr gleichzeitig gebt und empfangt. Ihr gebt euren Raum und empfangt die Verbindung. Das mag nun alles etwas kompliziert oder abstrakt klingen. Wir sagen es dennoch, weil es sozusagen einen Teppich legt – oder, um bei unserem Bild zu bleiben, einen Raum schafft, deinen persönlichen Liebesraum.

Mit dieser Beschreibung wollen wir in dir deinen Liebesraum initiieren. Dich als Liebesraum einweihen. Nun bist du als Raum der Liebe eingeweiht. Nun kann in dir die Liebe empfangen werden, für die du dich zur Verfügung stellst. Spürst du es schon? Spürst du SIE schon, die LIEBE? Die Heiligkeit dieses deines Liebesraumes?

Für diese deine Bereitschaft, von nun an als Raum der Liebe zu dienen, danken wir dir von Herzen, wir, Isis, Christus und alle Engelscharen. Ja die Engel haben sich zu uns gesellt, weil sie es sind, die diesen Prozess der Liebe mit grösster Sorgfalt und Hingabe begleiten und leiten. Sie sind sozusagen dieser Raum im Geistigen. Sie sind die Verbindungswesen par excellence. Sie sind aktivierte Liebesenergie. Liebes- und Verbindungsenergie. Mit ihrer Reinheit sind sie Wesenheiten, die zwar das Leben auf der Erde nicht kennen, und dennoch zu diesem Zwecke der Verbindung geboren wurden. Geschaffen wurden. Deshalb die Verkündigung der Geburt Jesu durch einen Engel. Sie künden dir von der neuen Zeit der Liebe und Verbindung. Sie halten die Vision hoch. Sie kämpfen mit ihren Heerscharen unermüdlich für die Liebe.

Und nun jubeln sie dir zu und danken dir. Denn mit dieser deiner Bereitschaft sind sie einen grossen Schritt näher an ihrem Ziel, dich und die gesamte Menschheit mitsamt der Erde zu einem grossen Raum der Liebe zu machen.

DIE ENGEL SPRECHEN VON DER LIEBE

»WIR ENGEL DES LICHTS danken dir für deine Bereitschaft, dich als Raum der Liebe einweihen zu lassen. Damit machst du uns ein grosses Geschenk. Uns und dem ganzen Universum, und natürlich auch deiner geliebten Mutter Erde. Denn so kann auch sie zum Raum der Liebe eingeweiht werden. Ja, dieser Akt ist nun gleichzeitig geschehen. Und so stimmen wir alle ein in den Jubel des Universums.

Nicht immer wirst du dieselbe Bereitschaft haben oder, besser gesagt, spüren. Mit deiner Entscheidung kannst du die Bereitschaft als Energie verankern. Dann wissen wir, dass wir dich immer wieder und jederzeit darin unterstützen können und dürfen, Raum der Liebe zu sein. Für uns ist das wichtig. In deinem Erleben mag es allerdings manches Mal so aussehen, dass du diese deine Bereitschaft nicht spürst. Ja, es kann sogar immer wieder scheinen, als sei dir die Liebe ganz abhanden gekommen. Das alles gehört zu diesem deinem neuen Weg. Auf diesem Weg wird dir scheinbar vieles genommen werden, worüber und dank dem du bis jetzt Liebe erlebt hast. Denn es findet eine Verlagerung statt. Eine Verlagerung von Aussen nach Innen. Nun ist die Liebe nicht mehr etwas ausserhalb von dir, sondern etwas in dir. Etwas, das dank dir und nur dank dir stattfinden kann! Das können wir nicht genug betonen.

Die Liebe ist in dir, und nur in dir. Du bist der Ort der Liebe. Du bist Anfang und Ende der Liebe. Ausserhalb von dir gibt es keine Liebe. Und damit du das in diesem Sinne erleben kannst, wirken WIR, die Engel des Lichts, eifrig mit. Eifrig in dem Sinne auch, dass wir mit Eifer Gelegenheiten für dich schaffen, die Liebe so zu erleben. Das tun wir mit der Reinheit unserer Absicht. Unserer Absicht, Liebe und nur Liebe zu geben und zu schaffen. Da wir nur Liebe kennen, können wir alles in Liebe erschaffen. Wir stellen uns in diesem Sinne bedingungslos zur Verfügung, dir alles, alles nur Erdenkliche und Mögliche an Situationen und Gelegenheiten zu schaffen, und da wir nicht in deinem Sinne über einen freien Willen verfügen, sondern quasi »nur«

über den Willen der Liebe, können wir die unglaublichsten, unvorstellbarsten Situationen schaffen, die du mit deinem polaren Denken niemals erschaffen könntest. Du würdest dich ohne Zweifel weigern, einem dir geliebten Wesen eine »schwierige« Situation zu schaffen, weil du darin keine Liebe erkennen könntest. Doch wir, mit unserer Reinheit der Liebe können das, weil wir nicht erschaffen können, was nicht Liebe ist.

Kommen wir zu dir zurück. Du bist nun bereit geworden, als Raum der Liebe zu dienen. Der Liebe als Raum zu dienen. Die Liebe freut sich natürlich mit uns und jubelt ebenfalls. Endlich darf sie sich ausbreiten und leben. Und lieben. Mit dieser deiner Bereitschaft bist du zu deiner Macht erwacht. Das ist die wahre Macht: die Macht der Liebe, die Macht zu lieben. Die Macht, zu lieben, egal, was ist, egal was nicht ist. Spüre einen Augenblick diese Macht. Wie fühlt es sich an, deine Macht zu lieben zu erleben. Dich als das Wesen zu erkennen, das jederzeit und überall lieben kann, egal, was ihm im Aussen begegnet. Atme tief und weit und atme in diese Macht hinein. Atme diese Macht in dich hinein. Erlebe dich als den Raum, in dem diese Macht wohnt. Eine Macht, zu der du jederzeit über deinen Willen Zugang hast.

Deinen Willen. Hier kommen wir wieder zu diesem deinem wunderbaren einzigartigen Werkzeug: deinem freien Willen. Das ist die Funktion dieses Willens. Dass Du wählen kannst, ob du lieben willst oder nicht. Das ist unseres Wissens die einzige Wahl, die du hast. Eine andere Wahl gibt es nicht. Alles andere ist eine Folge dieser Wahl. Bist du bereit, die Liebe zu wählen? Die Liebe und nur die Liebe? Bist du bereit, deine Macht zu ergreifen?

Wenn du es noch nicht bist, ist das auch in Ordnung. Hier soll kein Druck geschaffen werden. Auch dein inneres Kind will mitgenommen werden. Und doch gilt es zu bedenken, dass dein inneres Kind letzten Endes am meisten von dieser Entscheidung profitiert. Denn wenn du dich für die Liebe entscheidest, entscheidest du dich dafür, dein inneres Kind zu lieben, egal, was es tut, egal, was es nicht tut. Und wenn du dein inneres Kind bedingungslos liebst, kannst du die gesamte Schöpfung bedingungslos lieben. Wenn du diese deine Macht ergreifst und dich für die Liebe entscheidest, kann dein inneres Kind aufatmen, wird dein inneres Kind frei. Frei zu sein, wer es sein will, frei zu spielen, was es spielen will. Denn dann ist es an keine Bedingungen mehr gebunden. Dann weiss es sich jederzeit geliebt. Egal, was es tut.

Nun, was meint dein inneres Kind dazu? Könnte ihm das gefallen?

Und nun meldet sich vielleicht noch ein anderes Stimmchen und meint: ja, kann ich denn das überhaupt, bin ich dazu überhaupt fähig? Natürlich gilt es, das zu üben. Fähig dazu bist du. Das bedeutet aber nicht, dass es jeden Augenblick so erlebt wird. Es wird Momente geben, wo du es scheinbar nicht kannst. Auch das gehört zum Weg. In diesen scheinbar aussichtslosen Augenblicken ist es wichtig, dich ganz einfach ans Prinzip und deine Bereitschaft zu erinnern. Du kannst dann uns zu Hilfe rufen und uns daran erinnern, dass du grundsätzlich zu dieser deiner bedingungslosen Liebe bereit bist, im Augenblick aber nicht weißt, wie. Dann übergibst du uns diese Aufgabe und wir kümmern uns darum.

Wichtig ist hier einmal mehr die Klarheit, mit welchem

Teil du es zu tun hast. Das innere Kind kann diese Funktion niemals übernehmen. Und wenn du im inneren Kind bist, dann ist es wichtig, das zu erkennen. Wie du das erkennst? Indem du deine »Macht zu lieben« verloren hast. Das innere Kind, so wie du es zur Zeit erlebst, ist der Teil, der bedürftig ist. Und dieser bedürftige Teil kann niemals die Funktion eines liebenden Vaters oder einer liebenden Mutter übernehmen. Diese Funktion kannst du uns, oder Isis oder Christus, übergeben, wenn du in deinem inneren Kind bist. Und dann übergibst du sie uns, wie ein Kind sie seinen Eltern übergibt. Du bist dann nicht mehr zuständig. Du, als das Kind, kannst dann einfach weiter spielen gehen.

WIR verabschieden uns hier von dir, erinnern dich jedoch daran, dass du jederzeit wieder mit uns Kontakt aufnehmen kannst. Von nun an »steht« unsere Verbindung, unsere Liebesbeziehung. Und wann immer du an uns denkst, sind wir bei dir. Wir verneigen uns in tiefer Dankbarkeit für deine Bereitschaft, als Raum der Liebe zu dienen und freuen uns, dich auf deinem Weg zu begleiten.«

DIE ENGEL-KINDER DES HIMMELS

ICH, ISIS, FREUE mich, diesen Raum der Liebe mit dir weiter zu erforschen. Und ich danke den Engeln des Lichts für ihre Botschaft, ihr Mitwirken. In ihrer Reinheit und Liebe sind sie, wie gesagt, unermüdlich und von unendlich wertvoller Wirkung für den Transformationsprozess. Sie selbst haben die Form, wie du sie kennst, und auch Christus sie kennt, niemals gekannt. Und so freuen sie sich über die enge Zusammenarbeit mit dir. Denn dank dir können sie neue Facetten ihres Selbst erleben, indem du sie mit ihnen teilst. Wir könnten die Engel auch als die Kinder des Himmels bezeichnen. Sie leben und weben die Qualitäten des reinen, erlösten Kindes. Die Qualitäten der Freude, der Liebe, der Kreativität und Spontaneität. Und auch die Qualität des Mitgefühls und der Wonne. Diese Wonne ist eine ganz besondere Spezialität von ihnen. Die Wonne, dank der auch du als Mensch Lust erleben kannst. Die Wonne ist sozusagen die himmlische Lust. Und deshalb erlebst du häufig kleine Kinder als wonnig, als »Wonneproppen«. Sie verströmen Wonne, sie ermöglichen Wonne. Wonne als Ausdruck der Reinheit und Liebe und Bedingungslosigkeit.

Kommen wir nun etwas konkreter zu deinem Menschsein und der bedingungslosen Liebe. Am ehesten kennst du diesen Zustand mit deinen Kindern. Da sie, wie gesagt, diese Qualität hinaus schwingen, ermöglichen sie dir einen Geschmack und motivieren dich dazu.

Interessant in diesem Zusammenhang, dass du deine Kinder auch manchmal Engel nennst. Sie erinnern dich an die Engel, sie entsprechen den Engeln hier auf der Erde. Und wenn du ihnen in die Augen schaust, erkennst du den Engel in ihnen. So könnten wir die Engel auch als den Aspekt von dir definieren, der nicht inkarniert ist, und den du in dir trägst als den reinen kindlichen Teil. Wir könnten sie als den Teil beschreiben, der der Unschuld in dir entspricht. Unschuld in dem Sinne, dass sie von der Polarität nicht berührt sind. Dass sie sich nicht in der Materie manifestiert haben. Sie sind rein geblieben im Sinne der Einheit. Sie kennen keine Dualität.

Sicherlich ist dir der Begriff der Unschuld aufgefallen. Ich habe ihn bewusst eingeführt. Nicht zuletzt wurde auch Jesus der Christus in dieser Unschuld geboren, von Maria, der reinen Magd. Auch hier wieder ein Hinweis auf einen Zustand jenseits der Schuld, jenseits der Polarität.

DIE SCHULD

DOCH KOMMEN WIR auf die Schuld zurück. Schuld. Ein schwieriges, sehr beladenes Wort, das du am liebsten von dir weisen würdest. Ist nicht das dein Ur-Trauma, Ur-Dilemma, dass du dich schuldig fühlst? Schuldig, die Einheit verlassen zu haben? Hat dort nicht alles Leiden begonnen? In euren Überlieferungen, in der Bibel, in allen Schöpfungsgeschichten gibt es das Verlassen des Paradieses, das Verlassen des Urzustandes. Darin liegt deine einzige »Schuld«. Und nun wollen wir diese deine Schuld in die Unschuld führen, die Schuld auflösen – oder, besser noch, neu definieren.

Schuld: du hast dich schuldig gemacht. Schuldig, die Einheit verlassen zu haben. Schuldig im Sinne der Verantwortung, im Sinne der Antwort auf das Drängen des Schöpfers. Der Schöpfer hat dir einen Garten Eden zur Verfügung gestellt und dir die Möglichkeit angeboten, schuldig zu werden. Er hat dir dies geboten im Sinne des Angebots: »Wenn du willst, kannst du, darfst du dieses Paradies verlassen und erforschen, wer du bist. Wer ich bin.« Und du hast den Mut gehabt, dies auch zu tun. Nicht ganz ohne Hilfe. Die Hilfe, die du bekamst, war die der Schlange. Einer Schlange, die du lange als etwas ausserhalb von dir

Seiendes definiertest. Und nun kannst du auch diese Schlange als einen Teil von Dir erkennen. Ein Bild, das dir dabei helfen könnte, ist das Bild der Schlange, der Energie-Schlange in Dir, in deiner Wirbelsäule. Das, was allgemein Kundalini genannt wird. In dir lebt die Schlange in vielen Variationen. Auch in Form der DNS. Die Schlange wurde in dich hineingezaubert vom Schöpfer, denn er musste dir ja sozusagen die Rückfahrkarte ins Paradies mitgeben.

Du hast also den Mut gehabt, der Einladung des Schöpfers in Form der weiblichen Verführung zu folgen. Dabei, das kannst du dir gewiss vorstellen, hatte auch ich, Isis, die Hand im Spiel. Wie könnte es anders sein? Ich als die weibliche Schöpferkraft musste den Impuls geben, der Impuls konnte unmöglich vom Einheitsbewusstsein ausgehen. Er musste von einem Bewusstsein initiiert werden, das eine Dualität kennt, und das kann nur das Weibliche sein. Erkenne nun auch darin nicht die Schuld des Weiblichen, sondern die unendliche Kraft. Die Kraft, die den Mut hat, in das Neue einzutauchen und es aus Liebe zum Ursprung zu erforschen. Ja, aus Liebe hast du dich auf den Weg gemacht, und die »Schuld« auf dich genommen. So hast du dich schuldig gemacht. Du hast dich der Liebe schuldig gemacht, des Ungehorsams, der darin bestand, dich als nicht zugehörig zu erleben. Indem du den Mut hattest, das Vertraute zu verlassen und zu erforschen, wie es sich anfühlt, nicht zugehörig zu sein, machtest du die Liebe erst möglich. Das deine einzige Schuld. Und das, so meine ich, verpflichtet mich zu höchster Dankbarkeit. Denn du bist damit meinem Ruf gefolgt. Ich habe dich gerufen, habe dich ver-führt, aus der Einheit hinaus in die Welt der Dualität, weil ich meinem geliebten Schöpferpartner dieses Erlebnis schenken wollte. Du hast dir erlaubt, damit zu unserem Kind zu werden und uns dieses Erlebnis geschenkt. Auch hierfür danken wir dir.

Nun ist die Zeit gekommen, in die Unschuld zurück zu kehren, beziehungsweise zu erkennen, dass es die Schuld, wie du sie gekannt und definiert hast, nie gegeben hat. Du eroberst dir die Unschuld zurück, in dem du deine Schuld zu einer Un-Schuld erklärst. Indem du bereit bist, zu erkennen, dass es nur Un-Schuld geben kann. Dass du mit deiner Reinheit aus der Einheit hervorgegangen bist in die Dualität. Du hast sie mitgenommen, anders ist es gar nicht möglich. Und so erkennst du nun, dass die Einheit, dein Paradies, immer Teil von Dir war und von der so genannten Schuld nie berührt wurde. Wir könnten auch sagen: indem du erkennst, dass dein Paradies, deine Einheit, immer Teil von dir war, verbindest du die Dualität nun in dir mit der Einheit. Dadurch gewinnt die Dualität ihren Einheitscharakter wieder und kehrt in ihren Urzustand zurück, umhüllt, genährt und bereichert von der Dualität.

DIE UNSCHULD DER SCHLANGE

WIR SPRACHEN WEITER oben von der Schlange, und wie sie als »Rückfahrkarte« in deinem Körper lebt. Ich, Isis, bin gekommen, diese Schlange in dir zu aktivieren. Denn sie lebt auch in meinem Namen: zweimal das S – der Anfangsbuchstabe der Schlange und in seiner Form der Schlange ähnlich. Ich, Isis, verbinde das ICH BIN des Schöpfers mit der Schlangenkraft der weiblichen Schöpferkraft. Und nun kannst du dir vorstellen, wie ich dank meines Namens in deinen Zellen die Schlange der DNS erwecke und zu ihrem eigentlichen Potential und Bewusstsein führe. Spüre, wie mein Name in jede deiner Zellen dringt, wie sich meine Schlangen, und es sind zwei (!), in deine Zellen schlängeln und die Doppelhelix aktivieren. Wie die zwei Schlangen sich ineinander und umeinander winden, einer Spirale gleich, die aus einem aufwärts und einem abwärts drehenden Strang besteht. Nimm dir die Zeit, jede deiner Zellen als diesen Raum wahrzunehmen, in dem die beiden Schlangen, die beiden ineinander greifenden Spiralen zu pulsieren beginnen und zu leuchten. Sie leuchten und strahlen in allen Farben des Regenbogens und aktiveren so auch deine Merkaba, dieses Lichtgefährt, das in all deinen Zellen schwingt und auch alle Schichten deines Energiekörpers durchdringt und mit dem Bewusstsein von mir, ISIS, in der höchsten Schöpferkraft erweckt.

Spüre, wie sich der Raum erweitert dank dieser Schlangenkraft, wie du zum Raum wirst, in dem der Tanz der Vereinigung stattfindet. Und auch die Schlangen werden immer leichter, durchsichtiger, bis sie »nur« noch energetisch schwingen und ihre Qualität in deinen leeren Raum hinein schwingen. Du bist Raum geworden. Raum in der Qualität der erlösten Doppelhelix, Raum in der Qualität der vereinigten Schöpferkraft des Männlichen und Weiblichen. Raum der Liebe.

Die Schlange hat sich in deinen Zellen nun verdoppelt und ist damit von ihrer Erdgebundenheit erlöst worden. Die Schlange hat sich verdoppelt und hat dich damit frei gemacht von der Polarität. Mit ihrem ineinander sich webenden Spiraltanz erlöst sie jede Polarität hinein in ein neues Schöpfertum der Dreieinigkeit. Du bist die Einheit des

Raumes, in der die beiden Schlangen sich zum Dritten vereinigen.

Erinnere dich nun an deine Eigenschaft als Schlangenträger, Schlangenträgerin. Und werde dir dieses Potentials und dieser Ehre bewusst. Mit diesem deinem neuen Bewusstsein des Schlangenträgertums bist du zum Christusbewusstsein erwacht. Christus war der erste Schlangenträger. Und damit ihr euch daran erinnern könnt, war er als Sternbild in all diesen Jahren am Himmel zu sehen. Nun hat auch die Astrologie dieses Sternbild wieder erkannt und als dreizehntes Sternbild aufgenommen. Wie auch Christus der Dreizehnte mit seinen zwölf Jüngern war.

Wir könnten das Bild auch umkehren: einerseits bist du der Schlangenträger, die Schlangenträgerin. Andererseits ist es auch die Schlange, sind es die Schlangen, die dich tragen. Sie liefern sozusagen das Grundgerüst deines Seins. Dank dieser Ur-Struktur oder Qualität wird geschöpft. Von dieser Ur-Schlangenkraft vollzieht sich alle Gestaltung. Gib dich dieser Kraft hin, erlaube dir, in diese Kraft in jede deiner Zellen hinein zu sinken, und damit aus der Weite des Raumes in den Kern alles Seins hinab und hinein zu tauchen und zu versinken. Spüre den Atem in dieser Bewegung. Ausdehnung aus der Schlange hinaus zum Raum hin, und Zusammenziehen vom Raum in die Schlangen in deinen Zellen hinein.

Spüre die Leuchtkraft dieser Schlangen. Die Leuchtkraft und die Schöpferkraft. Spüre ihr ewiges Sein, ihr unabänderliches, stetiges, in alle Formen hinein wandelbares unendliches Sein. Du kannst, wenn du in deinem Leben Neues schaffen willst, diese Schlangen zu Hilfe rufen. Du kannst dich auf sie beziehen, sie spüren und sie einladen, für dich zu schöpfen. Du kannst mit ihnen kommunizieren, sie ansprechen und sie einladen, den Schöpfungsakt mit dir oder gar für dich zu vollziehen. Du kannst dir vorstellen, wie diese Schlangen energetisch deinen Körper verlassen und in alle Himmelsrichtungen sich verbreiten, ausdehnen und wirken. Wenn du sie vorher mit der entsprechenden Qualität »imprägniert« hast, tragen und schwingen sie diese Qualität in deine manifeste Welt hinaus, durchdringen sie und erwecken diese Qualität in deinem Leben zum Leben.

Spüre ihre unendliche Liebe, die Liebe der Mutter in der Schlange. Die Liebe von Mutter und Vater in ihrer Vereinigung. Sie sind sozusagen Übersetzungen der göttlichen Elternliebe. Vertraue ihnen. Schenke ihnen dein Vertrauen als Grundstruktur und Grundbaustein deines Seins. Auf Ihnen beruht dein Sein. Und alles, was aus deinem Sein hervorgeht.

Einmal mehr: spüre die Liebe. Die unendliche bedingungslose Liebe, die in diesen Schlangen jede von dir gewünschte Form annehmen kann. Liebe im Sinne von Beliebigkeit. Der Liebe ist es beliebig, wie sie aussieht. Und so stellt sie sich zur Verfügung für alle deine beliebigen Schöpfungen. Sie, die Liebe in den Schlangen, dient dir, indem sie jede beliebige Gestalt annimmt, jede beliebige Form, die du gestalten möchtest.

Es mag dir etwas fremd vorkommen, dass du derjenige, diejenige bist, der/die die Schöpfung gestaltet. Oder du hast dir noch gar nicht überlegt, wie das denn nun so vor sich geht. Nun bekommst du von mir ein Bild: mit deinen Gedanken wirkst du auf deine Schlangen, und diese gestalten sich entsprechend deinen Gedanken.

Und was nun sind deine Gedanken? Woher kommen sie? Kommen sie von innen, von aussen, von dir, von Gott, von dir als Mensch, von dir als Gott? Nun, sie sind ein Zusammenspiel von dir als Mensch und dir als Gott. Du als Mensch empfängst Sinnesimpulse über deinen Körper. Dabei wirkt dein Körper mit seinen Sinnen als Schaltstelle zwischen innen und aussen. Das bedeutet, du hast Sinne, die dich nach aussen verbinden, und Sinne, die dich nach innen verbinden. Die von Aussen empfangenen Impulse werden nach innen übermittelt und vom Innen empfangen, dort sozusagen verdaut und aus dieser Verbindung heraus gestaltet sich der Gedanke und das Gefühl, die deine Schlangen gestalten. Das möchte ich hier noch hinzufügen: die Schlangen werden nicht nur von deinen Gedanken gestaltet, sondern auch von deinen Gefühlen. Dabei wirkt dein Körper, wie gesagt, als Schaltstelle oder Übersetzungsorgan. Die dank und mit deinem Körper verdauten Sinnesimpulse werden übersetzt in Schöpfungsimpulse, die deine Schlangen aufnehmen und umsetzen in eine wiederum von dir in deinem Körper erlebbare Form. Form hier verstanden als energetische, physische und seelische Form. Alles, was du als Mensch in deinem Körper wahrnehmen kannst.

So findet ein ständiges Weben statt zwischen deinen aufgrund deiner Sinnesimpulse erlebten Wahrnehmungen und deinem Erleben und den Auswirkungen, die diese auf deine Schlangen haben. Ein ständiges Weben zwischen Empfangen aus der Schöpfung und wieder Hineingeben in die Schöpfung. Und du kannst dir vorstellen, dass dieses Weben in jedem Augenblick neu geschieht. Deshalb kann sich alles in jedem Augenblick ändern, weil du in jedem Augenblick neu gestaltest. Keine Gestaltung ist vorgegeben.

Was vorgegeben ist, sind deine Muster und Programme, die dir ja aufgrund dieses genialen Vorgangs des Webens auch offenbart werden. Indem sie dir offenbart werden, kannst du deine Schöpfung jederzeit ändern. Natürlich ist das leichter gesagt als getan.

Damit dein inneres Kind nicht schon wieder in einen neuen Clinch kommt oder unter Druck gerät, kann es hilfreich sein, dir vorzustellen, dass ich, Isis, dir die Muster ändere. Das heisst, du erlebst ein Muster, das dir nicht gefällt, das du ändern möchtest. Dann wendest du dich an mich und bittest mich, dir zu helfen, dieses Muster dank meiner Schlangenkraft aufzulösen. Du kannst dir vorstellen, wie ich dieses Muster liebevoll in Empfang nehme, ich als die Schlange, und dass ich sogar als die Schlange die Macht und Intelligenz besitze, dieses Muster aufzulösen und nicht mehr eins zu eins zu übersetzen, weil ich nicht nur Schlange bin, sondern die Vereinigung der Schlange mit dem Höchsten ICH BIN. So schaltest du sozusagen einen Zwischenschritt ein. Damit überlässt du es mir, das Nächste, was du für deine Auflösung brauchst, so zu gestalten, dass es dir möglich wird, das Muster zu durchschauen und dich davon zu befreien. Das ist mir wichtig: dass du weißt, dass ich Muster nicht »einfach« auflöse, sodass sie einfach verschwinden. Damit würdest du sie nicht integrieren. Vielmehr helfe ich dir, sie zu erkennen, und dies tue ich mit grösstmöglicher Sorgfalt und Liebe. Denn, indem ich dir helfe, sie zu erkennen, respektiere ich deine Macht und Kraft und dein Mitschöpfertum. Ich, Isis, bin in diesem Sinne eine Übersetzungshilfe in und mit deiner Schlange – eigentlich bin ich ja die Schlange, bzw. die Schlange ist ein Teil von mir.

Ich, Isis, bin die Kraft, die deine Schlangen mit dem ICH BIN des Schöpfers verbindet. Und so wird klar, dass ich Energie in Gestalt umwandle und damit sichtbar mache.

DIE MERKABA

Ich habe die Schlangen identifiziert als deine DNS – und nun möchte ich das ICH BIN, das I in meinem Namen identifizieren als deinen Lichtkörper oder, besser noch, deine MERKABA.

In mir vereinigen sich DNS im Sinne des physischen Ur-Teils der Schöpfung mit dem Lichtgefährt der Merkaba als dem himmlischen Ganzen. Teil und Ganzes werden in mir vereinigt, und in dieser Funktion begleite ich dich. Für beide Aspekte gibt es gestaltete Formen, auch wenn der himmlische Aspekt für die meisten von euch nicht mehr erkennbar oder wahrnehmbar ist. Und dennoch haben einige von euch ihn bereits erkannt und benutzt.

Nun ist die Zeit gekommen, dass noch viel mehr Menschen diesen Aspekt ihres Seins kennen und nutzen lernen. Wir wollen uns also der Merkaba nähern. Wichtig ist mir dabei, dir ein Gefühl von der Merkaba zu vermitteln, und weniger, dir abstraktes Wissen zu geben. Das gibt es schon. Hier soll dir ermöglicht werden, deine Merkaba zu erleben, so wie du die Schlangen deiner DNS erleben konntest. Es geht mir weniger um eine vollständige Darstellung dieser Phänomene. Dazu gibt es bereits genügend Literatur. Vielmehr geht es mir um ein neues Erleben dieser Aspekte für dich als Mensch in deinem Menschsein. Denn erst durch das Erleben wird dir das Potential tatsächlich erschlossen, ändert sich dein Erleben und damit deine Gestaltung. Du weißt selbst, dass rein mental erschlossenes Wissen niemals dein ganzes Sein erfasst. Es kann dir allerdings, und das ist sehr wertvoll, den Weg weisen und dich neugierig machen.

Nun also zurück zur Merkaba. Wir verwenden lieber diesen Begriff als den des Lichtkörpers, obwohl letzterer bekannter ist und heute sehr viel verwendet wird. Die Merkaba ist noch etwas umfassender. Man könnte den Lichtkörper als einen Teil der Merkaba bezeichnen. Oder anders gesagt: die Merkaba ist der Lichtkörper in der Verbindung mit der DNS. Die Merkaba ist die Verbindung vom Himmlischen mit dem Irdischen, während der Lichtkörper den himmlischen Aspekt darstellt. Und, wie du weißt, geht es mir hier um Verbindung. Denn erst in der Verbindung wird das Erleben möglich. Und: die uralte Trennung des Himmlischen und Irdischen soll ja hier aufgehoben werden.

Der Lichtkörper als Teil der Merkaba. Als »Gegenstück« sozusagen zur DNS. Was in jeder Zelle, in der kleinsten Einheit deines Körpers lebt, muss auch im Grossen wirken. Und das Grosse, wenn es um deinen Körper geht, ist der gesamte Körper, einschliesslich des Energiekörpers, der Energiehülle, die den Körper umgibt. Damit definieren wir den Lichtkörper als eine Lichthülle, die deinen Energiekörper einschliesslich Körper umhüllt. Man könnte den Lichtkörper auch als den höchsten Aspekt deiner physisch-energetischen Gestalt beschreiben. Ein Lichtgefährt, eine Struktur, die dich über das Energetische mit dem Himmlischen, mit deinem Ur-Programm, verbindet. Der Lichtkörper aktiviert in deinem Energiekörper dein höchstes Wissen. Und die Merkaba verbindet dieses dein höchstes Wissen mit dem Wissen in deinen Zellen. Auf diese Weise kann eine zweifache Kommunikation stattfinden. Deine höchsten Aspekte informieren deine »tiefsten« Aspekte und umgekehrt. Dein göttliches Sein informiert dein menschliches Sein und dein menschliches Sein informiert wiederum dein göttliches Sein. Dies ist ein dauernd stattfindender Vorgang, der dir allerdings nicht bewusst ist, und der, aufgrund bestimmter Einschränkungen, auch nicht mehr in seiner Ganzheit stattfindet.

Wir können die Merkaba als Struktur beschreiben und gleichzeitig als Qualität. Als Qualität entspricht sie der Reinheit im Sinne der Ganzheit und Ungetrübtheit. Ungetrübt, unverfälscht von deinen menschlichen Erfahrungen. Oder anders gesagt: wenn alle deine menschlichen Erfahrungen integriert werden, wird die Merkaba wieder hergestellt. Oder noch einmal anders gesagt: Du hast deinen Lichtkörper, der unberührt ist vom Menschlichen. Und du hast die DNS, die, wie du weißt, in ihrem Ur-Potential nicht mehr von dir als Mensch genutzt wird. Deine DNS ist somit der von deinem Menschsein beeinflusste und eingeschränkte Teil. Der Lichtkörper ist der reine unverfälschte Teil. Und die Merkaba entsteht dort, wo der menschlich-eingeschränkte Teil mit dem reinen himmlischen Ganzen verbunden wird. Dort, wo DNS und Lichtkörper verbunden und zu ihrem Ur-Potential zurückgeführt werden. Dann wird deine DNS mit dem Urpotential verbunden und in ihrer Ganzheit wieder hergestellt. Dann bist du ganz auf allen Ebenen deines Seins, bis in den Kern deiner Zellen, bis in die kleinste Ecke deines Körpers.

So gesehen ist die Merkaba mehr ein Zustand, der die Folge des Verbindungsprozesses ist. Dort, wo du dem Lichtköper ermöglichst, in deine Zellen zu wirken, in deine DNS, in deine Schlangen, dort, wo ein Aspekt meines Is mit einem Aspekt meines S verbunden wird, wird ein Teil Merkaba gewoben. Und umgekehrt: dort, wo ein Aspekt meines Höchsten einen Aspekt deines Menschseins empfängt, wird ein Teil Merkaba gewoben. Wie ich schon sagte, vollzieht sich die Kommunikation in beide Richtungen. Der Lichtkörper informiert die DNS und die DNS informiert den Lichtkörper. Wie könnte es anders sein, wenn wir nun auf dem Weg sind, die Gleichwertigkeit von Gott und Mensch zu erleben und zu feiern? Das könnte allerdings einmal mehr eine Herausforderung für dein Denken sein. Erlaube dir ganz einfach, zu spüren, wie sich das anfühlt. Wie ist das Gefühl, dass auch die »tiefsten« Aspekte deines Menschseins ein Geschenk für das Höchste deines Gottseins sind? Wie ist das Gefühl, dass deine DNS deinen Lichtkörper informiert und bereichert? So bist du nicht nur Teil des Höchsten, sondern das Höchste ist auch Teil von Dir.

Und in der Verbindung potenzieren sich Gott und Mensch gegenseitig. Die Verbindung ist, wie wir schon sagten, die Merkaba. Diese wunderbare Qualität der Gleichwertigkeit und Gleichzeitigkeit. Du kannst sie dir wie eine Blume vorstellen. Man nennt sie auch die Blume des Lebens. Damit Leben überhaupt sein kann, braucht es diese Verbindung. Der Lichtkörper allein könnte ohne dein Menschsein nicht existieren und wirken und leben. Und umgekehrt: ohne deinen Lichtkörper gäbe es dich als Mensch nicht. Beides sind Teile, die das Ganze enthalten und in ihrer Verbindung das Ganze potenzieren.

Die Merkaba ist dein Weg zur Heilung, dein Weg zur Ganzheit. Dabei ist im Moment noch nicht so wichtig, dass du sie in allen Einzelheiten kennst. Wichtig ist nur, dass dir bewusst ist, dass es eine solche Qualität oder Struktur gibt. Denn allein dieses Wissen hilft dir, zu vertrauen. Dich getragen und geborgen zu fühlen. Du kannst mit dieser Struktur kommunizieren, wie du es mit der DNS oder auch dem Lichtkörper tun kannst. Du kannst deiner Merkaba »Aufträge« erteilen, etwa: bitte verbinde diese Aspekte meines Seins. Oder noch einfacher: ich bitte dich, jetzt wirksam zu werden, damit ich die Verbindung erleben kann. Wenn du die DNS und den Lichtkörper als diese beiden essentiellen Aspekte deines Seins erkennst, die die Vereinigung von dir als Mensch mit deinem Höchsten ermöglichen, ist klar, warum diese beiden Aspekte heute so grosse Bedeutung geniessen. In den spirituellen Kreisen, die sich mit dem Höchsten beschäftigen, boomt die Arbeit mit dem Lichtkörper. In eher materiell orientierten Kreisen, die sich mit dem Menschlichen beschäftigen, boomt das Geschäft mit der Gentechnik. Wir sehen, dass der Mensch die Pole immer weiter erforscht und auslotet. Und erkennen, dass es da nichts zu werten gibt, da beide Pole erst zum Ganzen führen.

Für dich, die du unterwegs bist zum Christus in dir, mag es tröstlich sein zu wissen, dass es bis in deine Zellen hinein Strukturen und Qualitäten gibt, die dir das Erleben des Christus in dir ermöglichen. Dass das Gesetz: wie oben, so unten, bis in deine Zellen und bis in deinen Lichtkörper wirkt. Und dass du somit umhüllt bist von Kräften und Qualitäten, die dafür sorgen, dass du immer in der Liebe bist. Und dass du diese Kräfte, diese Strukturen nutzen kannst, auch wenn du sie nicht bis in alle Einzelheiten kennst. Allein das Bewusstsein, dass es sie gibt, aktiviert sie in dir. Und führt dich deinem Schöpfertum näher.

Der Grundbaustein der Zelle ist die Schlange, das S, und der Grundbaustein des Lichtkörpers ist der Kreis. Und sicherlich kennst du das Yin und Yang Zeichen, bei dem der Kreis durch ein S in zwei gleiche Teile unterteilt wird. Auch das mag dir als Bild für die Vereinigung und die Gleichwertigkeit dieser beiden Aspekte dienen.

Dank der Schlange wird sich der Kreis seiner Ganzheit bewusst und erlebt sich als Teil und Ganzes zugleich. Dank des Kreises wird sich die Schlange bewusst, dass sie Teil des Ganzen ist und erlebt sich als Teil und Ganzes zugleich. Es ist dieses Bewusstsein, dass wir anstreben: Bewusstsein und letzten Endes dann Erleben über die Sinne. Ja, das ist das Ziel. Der hier beschriebene Christusweg ist ein Weg zum ERLEBEN DER GLEICHZEITIGKEIT ÜBER DIE SINNE IM KÖRPER.

Es ist die Hochzeit von Himmel und Erde in dir als Mensch. Die Auferstehung Christi in dir ist nichts anderes als die Erhöhung des Menschseins zum Göttlichen, die Erlösung des Ur-TEILS, aufgrund dessen das Menschsein vom Göttlichen ausgeschlossen wurde, hin zum Erleben des Menschseins als eines untrennbaren Teils des Göttlichen.

DAS URTEIL

UR-TEIL: HAST du dir schon einmal dazu Gedanken gemacht? Das Urteil, das entsteht, wenn eine Ur-teilung stattfindet. Oder anders gesagt: das Urteil macht dich darauf aufmerksam, dass es nur Teile geben kann, dass nichts ausserhalb des UREINEN sein kann. Dank dem Urteil kannst du dich als UR-TEIL erleben, als ein Teil, der zum Ursprünglichen gehört. Und wenn du Teil bist vom Ganzen, wie kannst du da aus anderem Stoff gewoben sein als das Ganze? Wenn sich das Ganze teilt, wie kann es da etwas anderes schaffen als sich selbst?

So führt dich das Urteil zum Bewusstsein, dass in jedem Teil das Ganze enthalten ist – und damit jedes Teil gleichwertig ist wie das Ganze. Dass es also letzten Endes keine Rolle spielt, ob du Teil oder Ganzes bist. Es geht hier um Qualität, und die Qualität ist die gleiche. Oder sollten wir sagen: die Essenz ist die gleiche.

So gesehen brauchst du dich also nicht einmal mehr damit zu beschäftigen, ganz zu werden. Du bist es schon. Natürlich bist du es schon. Wie könnte es anders sein.

Es geht nun darum, dies zu erkennen, und dir dank der neuen Sicht- und Erkenntnisweise zu erlauben, dies auch zu erleben. Lenke dieses dein neues Bewusstsein deines Ganzseins in jede deiner Zellen, in jede deiner Schlangen in deinen Zellen. Erlaube den Schlangen, dieses Bewusstsein aufzunehmen und sich mit diesem Bewusstsein zu füllen. Erlaube dir auch, die Schlangen mit diesem Bewusstsein so zu nähren, dass sie dir in ihren Schöpfungen dieses Bewusstsein auch als Erleben ermöglichen. Atme tief und weit und lass sich dieses Bewusstsein in deinen Zellen verankern.

Nun bist du frei, sind deine Schlangen frei, alles zu schöpfen, was ihnen im Sinne der Liebe beliebt. In dieser Beliebigkeit ist Polarität aufgehoben, denn nun müssen sie dir, musst du dir nicht mehr beweisen, dass du ein Ganzes bist. Du weißt es bereits. Du hast einen entscheidenden Schritt zur Erhöhung des Menschseins getan. Du hast einen entscheidenden Schritt zur Erlösung des Leidens getan. Wenn du dieses dein Bewusstsein des Ganzseins jetzt nun neu erlebst, kann keine Polarität mehr dich in die Illusion verleiten, kein Ganzes zu sein.

Na ja, natürlich wirst du dies noch üben müssen. Und dennoch wird diese Qualität nun in allem in dir klingen und schwingen, auch wenn es von dir noch nicht immer bewusst wahrgenommen wird.

DIE AUFERSTEHUNG

DER CHRISTUS IN dir ist nun auferstanden. Das Leben im Körper kann dich nicht mehr im alten Sinne kreuzigen. Du hast dich erlöst, indem du die beiden Achsen des Kreuzes in dir vereinigt hast: deine vertikale Achse des ICH BIN und deine horizontale Achse des Menschseins, die sich in eine Schlange verwandelt hat. Die Schlange, die bis anhin am Boden schlängelte, der Erde nach, ganz auf der Erde, und die sich nun um deine vertikale Achse schlängelt, und – dem Äskulap-Stab gleich – Heilung bewirkt.

Indem dir bewusst geworden ist, dass Du das ICH BIN bist, gibst du deiner Schlange, deinen Schlangen, die Möglichkeit, sich an dir aufzurichten und so Himmel und Erde zu verbinden. Du bist zur Achse geworden, an der sich dein Menschsein aufrichten – und einen gesunden Stolz entwickeln kann. »Ich, Mensch, bin, Gott zum Ebenbilde, Gott gleich. Die Schlange kann mich nicht mehr kreuzigen, mein Menschsein kann mich nicht mehr verleiten, blenden, zu meinen, ich sei weniger als das ICH BIN, sei getrennt vom ICH BIN. Jetzt erkenne ich in meinem Menschsein nicht mehr den Gegensatz zum Himmel im Sinne der Kreuzigung, sondern ich erlöse mich vom Kreuz, indem ich meinen Schlangen erlaube, sich ebenfalls zu erheben und mir zu zeigen, dass sie sich an mir hoch schlängeln können und wieder zur Erde zurück. Meine Schlangen, und es sind zwei, können jede Richtung einschlagen und wählen – und damit werde ich frei, beides zu sein, die Vertikale und die Horizontale. Und wenn ich frei bin, bedeutet das nichts weniger, als dass ich die Verbindung der beiden Achsen bin. Ich, Mensch, bin die Verbindung – und in dem Augenblick, in dem ich das erkenne, erlöse ich mein Kreuz, mein altes Gefühl, wählen zu müssen. Mein altes Leiden, dass ich nur entweder Mensch oder Gott sein konnte. Ich erwache zum Bewusstsein des Sowohl-als-auch.«

Dann wird dir als Mensch bewusst, dass du die Verbindung bist: und wenn du die Verbindung bist, dann bist du weder das eine noch das andere, sondern beides. Und wenn du beides bist, so bist du mehr als nur das eine oder das andere. Du vereinigst sie zum Dritten. Du Mensch bist das Dritte. Das Dritte, das aus den beiden Polen hervorgegangen ist. Du Mensch, der du aus der Vereinigung der Göttin und des Gottes hervorgegangen bist.

Mit diesem Bewusstsein auferstehst du zur Dreieinigkeit: Du Mensch, verbindest Gott-Vater und Gott-Sohn zum Heiligen Geist. Im Heiligen Geist. Und damit die Frauen unter euch nicht sofort vor Empörung schreien, dass wir hier vom Vater und Sohn reden, sei hinzugefügt, dass diese Aspekte des Männlichen nur im Heiligen Geist vereinigt werden können, weil ich, die weibliche Schlangenkraft, es ermögliche. Ohne mich, das Weibliche, müssten sie auf ewig getrennt bleiben. Ich bin Voraussetzung für alles, was ist. Aus mir und dank mir wurden und werden sie wieder in jedem Augenblick geboren.

Ein weiterer Grund, warum wir hier diese Begriffe verwenden, ist der, dass wir sie heilen möchten. So lange haben sie euch das Leben schwer gemacht, so lange schwirrten sie als unvollständige Information in euren Köpfen herum.

So könnten wir als Bild auch dieses benutzen: das alles, der gesamte Christusweg, dank dem sich Gott-Vater und Gott-Sohn zum Heiligen Geist und im Heiligen Geist vereinigen, vollzieht sich im Urschoss des Weiblichen. Wir könnten auch den Heiligen Geist als den Urschoss beschreiben, der dank der Vereinigung von Vater und Sohn geboren wird. Oder, wie wir es weiter oben beschrieben: dass es zur Dreieinigkeit kommen kann, braucht es die Einheit, aus der heraus die Dreiheit geboren werden kann. Die Einheit wäre demnach der weibliche Schoss, in dem jedes Leben entsteht. Und, wenn du noch einen Augenblick innehältst, so wird dir bewusst, dass ich, ISIS, die Göttin, den neuen Christusweg ermögliche und beschreibe. Und ich sagte bereits, dass ich die Kraft bin, die in Christus wirkte.

So gesehen bin ich, das Weibliche, das Unsichtbare, das Nicht-Manifeste, das sich im Männlichen und dank dem Männlichen manifestiert. Das Männliche ist das Sichtbare, das Weibliche das Unsichtbare, das im Männlichen wirkt. Und wie wir schon wissen, gibt es das Männliche nicht ohne das Weibliche und umgekehrt. Also kann es den Vater nicht ohne die Mutter geben. Jeder menschliche Mann wurde von einem weiblichen Schoss geboren. Deshalb dürfen wir Frauen Gottvater in den Mittelpunkt stellen: damit auch der Mann sich als Schöpfer erkennen kann.

Hier muss wiederholt werden, dass alle Schöpfung, auch die sprachliche, die der Bibel und der religiösen Konzepte, eine Schöpfung ist, die der Ganzheit dient. Und wenn das Männliche sich dem Weiblichen unterlegen fühlt, weil es das Weibliche als das eigentliche Urschöpferische erkennt, so ist es für dich als Mensch hilfreich, das Schöpferische als männlich zu beschreiben, damit das Männliche erlöst werden kann von seiner »Minderwertigkeit«. Auch hier eine Umkehr. Das Höchste wird mit dem Männlichen beschrieben, um es ganz zu machen.

Wie du weißt, wurde zu Beginn der Menschheitsgeschichte die Göttin verehrt und in den Mittelpunkt gestellt. Später dann wandelte sich die Göttin zum Gott. Das geschah sozusagen als Geschenk von mir, der Göttin. Denn damals war sich der Mann seiner Ganzheit nicht bewusst. Und er ist es im Grunde heute noch nicht. Es verhält sich somit genau umgekehrt, wie du meinst. Oder anders gesagt: indem du es umgekehrt siehst, wird das Göttliche und damit auch das Menschliche ganz.

So gesehen ist die sichtbare Schöpfung die Ergänzung, das, was es braucht, damit du dich als Ganzes erlebst. Wenn du also als Mann geboren wurdest, dann deshalb, damit du dein Frausein im Sinne des Weiblichen erkennen kannst. Und wenn du als Frau geboren wurdest, dann, damit du dein Männliches in dir erkennen kannst. Und so eins wirst. So zur Vereinigung wirst.

Denn, und das weißt du spätestens, seit C. G. Jung von Anima und Animus gesprochen hat, jeder Mensch trägt das Gegengeschlecht in sich, nur so kann er ja ganz sein.

Man könnte es auch so beschreiben: wenn etwas sich polar zeigt, so bist du eingeladen, den Gegenpol mit zu denken, und es so ganz zu machen. Oder noch einmal anders gesagt: du bist eingeladen, der Gegenpol zu sein. Indem du zum Gegenpol in dir wirst, indem du den Gegenpol in dir aktivierst, wirst du ganz. Dann erlöst du die äussere Darstellung von ihrer Polarität. Dann darf im Aussen sein, was will. Dann darf Gott männlich oder weiblich sein, immer wirst du ihn/sie als Ganzes erleben. Das gilt selbstverständlich für alle polaren Phänomene und Darstellungen. Auch für deine Beziehungen.

DIE ENTSPRECHUNGEN ALS WEG ZUR GANZHEIT

HIER NUN VERRATE ich dir einen kleinen Trick. Wenn du in einer Beziehung nicht das bekommst, was du dir erhoffst, zu brauchen meinst, so kannst du es dir selbst geben. Das Aussen ist dann, wie ich es oben beschrieben habe, ein Weg zur Ganzheit. Das heisst, wenn dein Partner dir zu wenig Aufmerksamkeit schenkt, so ist das eine Einladung, dir selbst die Aufmerksamkeit zu geben.

Wenn dein Partner sich zu wenig um dich kümmert, so ist das eine Einladung, dich selbst um dich mehr zu kümmern. Wenn etwas im Aussen »fehlt«, ist das eine Einladung, die Entsprechung in dir zu aktivieren. Sei dies ein Verhalten, oder sei dies eine Eigenschaft. Das Fehlen im Aussen ist sozusagen ein umgekehrter Spiegel: »Ich ergänze, was im Aussen fehlt. Und das tue ich, weil ich damit ganz werde. Weil ich damit erlebe, dass ich selbst alles bin und über alles verfüge. Damit erlöse ich den anderen, für mich das Fehlende zu sein oder mir das Fehlende zu geben. Damit erlöse ich den anderen, etwas für mich sein zu müssen.« Und du erlöst dich selbst von der Abhängigkeit vom anderen. Du wirst ganz, erlebst dich als ganz – und wirst frei, den Partner zu wählen, der dir im Inneren entspricht. Auf der Ebene deiner Essenz entspricht.

Oder anders gesagt: zwei Ganze teilen sich, zwei Ganze teilen miteinander ihre Ganzheit.

Dieses Prinzip der Entsprechung ist ein sehr wertvolles – und anspruchsvolles. Denn es bedeutet, jeden Anspruch an den anderen aufzugeben, jede Erwartung. Der Partner ist dann nicht mehr verantwortlich für die Erfüllung deiner Wünsche und Bedürfnisse. Nun bist du selbst verantwortlich und der andere ist frei, zu sein, wer er sein will.

Wir haben weiter oben bereits dieses Prinzip beschrieben – hier geht es vor allem um den Aspekt der Ganzheit, die in jedem Augenblick zur Wirkung kommt. Es geht um dieses Prinzip, dass das Manifeste das Nicht-Manifeste sozusagen ergänzt und durch die Ergänzung spiegelt. Das Aussen ist in jedem Augenblick eine Einladung zu deiner Ganzheit.

Das Prinzip der Spiegelung kennst du. Wir erweitern dieses Prinzip jetzt, indem wir klarstellen, dass die Spiegelung der Ganzwerdung dient, bzw. das Bewusstsein aktiviert, dass du bereits ganz bist. Indem du das »Fehlende« in dir entdeckst, stellst du fest, dass du ganz bist. Bis jetzt kanntest du das Prinzip der Spiegelung eher in dem Sinne, dass es dir deine Nicht-Ganzheit spiegelte. Das »Fehlende«. Indem wir es so definieren, ist der Weg zur Ganzheit noch schneller im Sinne von klarer.

Die Weigerung vom »Aussen«, dich zu erfüllen, zwingt dich sozusagen, dich selbst zu füllen und damit zu entdecken, dass du die Fülle bist. Die Weigerung vom »Aussen«, vollkommen zu sein, macht klar, dass du vollkommen bist.

DU BIST DER KÖNIG

WENN WIR ZU Jesus dem Christus zurückkehren: gerade, weil er wusste, wer er war, konnte er als einfacher Mann ohne Besitztümer leben und sich sogar kreuzigen lassen. Für ihn war es eben nicht nötig, als König äusserlich gekennzeichnet zu sein, weil er wusste, dass er der König IST. Dieses gleiche Prinzip wird nun immer stärker in deinem Leben wirksam.

Vor einiger Zeit noch ging es darum, dir aufzuzeigen, dass du die Kraft hast, dein Leben zu gestalten. Das war die Zeit der Mentaltrainings, des Fokussierens auf das, was du willst, usw. Nun ist die Zeit gekommen, zu erkennen, dass du nicht deine Schöpfungen bist. Dass du frei bist, zu schöpfen, was du willst. Nun, da klar ist, dass du diese Schöpferkraft besitzt, kannst du dich wiederum deinem Innersten zuwenden. Du musst dir nicht mehr beweisen, wer du bist, aufgrund deiner Schöpfungen, sondern jetzt lädt dich das Universum mit einem Paradox ein, zu erkennen, wer du bist, damit du aus der Dynamik der polaren Schöpfung heraustreten kannst. Damit du deine Schöpfungen nicht am Aussen orientierst, sondern an deiner Essenz. Indem das Aussen dir vermeintlichen Mangel spiegelt, etwa mit dem Geld, fordert es dich auf und heraus, zu erkennen, dass DU die Fülle bist. Und wenn du erkennst, dass du die

Fülle bist, wirst du frei, zu schöpfen, was dieser Fülle entspricht.

Das Gleiche kannst du auch auf andere Bereiche anwenden. Wenn dir im Aussen eine Grenze begegnet, so hast du diese Grenze bis jetzt als Zeichen deiner eigenen Begrenzung angesehen. Nun lädt dich die Grenze im Aussen ein, deine Grenzenlosigkeit im Inneren zu erkennen. Dank deiner inneren Grenzenlosigkeit wirst du dann neue Grenzen setzen im Aussen, die aus deiner Grenzenlosigkeit sich speisen, die aus ihr fliessen – und nicht Grenzen, die eine Reaktion auf aussen existierende Grenzen sind. Verstehst du?

Es findet eine neue Verbindung statt zwischen deiner Essenz und der Schöpfung, zwischen dir als Schöpfer und dir als Geschöpf. Indem du das Geschaffene erkennst als Aufforderung zu deinem Urpotential, weckst du dieses dein Urpotential, orientierst dich an ihm und schöpfst aufgrund dieses Urpotentials. Ein neuer Dialog zwischen innen und aussen, oben und unten findet statt.

Dann findet Schöpfung statt aufgrund und im Einklang mit deinem Urpotential, dann ist es die Schöpfung eines Königs – und nicht die Schöpfung eines irdischen Königs, der sich im Inneren als Bettler fühlt und einen Haufen irdischer Besitztümer braucht, um König zu sein. Dann durchdringt dein inneres Licht alles Gestaltete, und nicht, wie es bis anhin häufig der Fall war, dass das Äussere dich daran hindert, dein Licht erstrahlen zu lassen. Ein Weben, ein neues Tanzen findet statt und erlöst alle Dunkelheit ins Licht. Es ist die Dunkelheit, die dich zum Licht führt, die dich erkennen lässt, dass du selbst leuchtest. Wenn das Aussen leuchtete, wie solltest du dann leuchten? Wie solltest du deine Leuchtkraft entwickeln, du würdest das

Leuchten ganz einfach ans Aussen delegieren, wie es heute so häufig geschieht. Wenn du aber vergessen hast, dass du selbst die Quelle des Lichts bist, und meinst, der Spiegel müsse leuchten, so kannst du dir vorstellen, dass es bald immer dunkler wird, denn der Spiegel kann von sich aus nicht leuchten, er kann nur die Lichtquelle reflektieren. Und diese Lichtquelle bist du.

DU, DIE LICHTQUELLE

ES IST ZEIT zum Bewusstsein zu erwachen, dass DU die Lichtquelle bist. Und wenn es aussen immer dunkler wird, dann deshalb, damit du heller strahlen kannst. Damit du deinen Lichtschalter im Inneren anknipst. Und dann in alle dunklen Winkel leuchtest. Wenn du dein Licht (wieder)entdeckst, kann es nie mehr dunkel werden. Du bist das Licht und überall, wo du bist, ist Licht. Egal, wie dunkel es ist. Das ist das neue Spiel im Aussen. Deshalb die Verstärkung der Polaritäten, die scheinbare Verdunkelung. Nicht, weil du etwas falsch machst! Vielmehr geschieht es aus tiefster Liebe.

Stell dir vor, es würde im Aussen immer strahlender – was wäre dein Erleben? Wo wäre die Kraft? Das ist das Paradox der Polarität: dass das Aussen eine Einladung zur Einheit mit dir selbst ist. Und nicht im alten linearen Sinne ein Spiegel deiner Unvollkommenheit.

Wie könntest du dich als die Quelle des Lichts erleben, wenn aussen alles im hellsten Licht erstrahlte? So aber wirst du zum Licht, und indem du dich als dieses Licht erkennst und es strahlen lässt, erlöst du auch die Dunkelheit, denn dann darf sie sein. Das Aussen darf dunkel sein und muss nicht mehr die Funktion des Lichts übernehmen, für das es sozusagen unvollständig ausgerüstet ist, eben polar ausgerüstet ist. Die Polarität kann niemals die Funktion der Einheit übernehmen. Ihre Aufgabe ist es, dir klar zu machen, dass DU diese Einheit bist. Dann hat sie ihre Aufgabe erfüllt. Und das tut sie, indem sie dir etwas zeigt, was nicht Einheit ist. Und dies geschieht jetzt in verstärktem Masse. Das ist die viel beschworene Apokalypse. Nicht der Weltuntergang als Strafe für dein unvollkommenes fehlerhaftes Menschsein, sondern der Untergang der alten Welt im Sinne des linearen Spiegels, damit die neue Welt von dir erschaffen werden kann, in der du das Licht in die Polarität, die Einheit in die Dunkelheit bringst, und so die Dunkelheit erlöst. Dann kann die Dunkelheit sein, dann kann sie sein, was sie ist: Dunkelheit, nicht mehr, nicht weniger. Sie muss nicht gleichzeitig Dunkelheit und Licht sein. Du übernimmst das Licht, dann kann sie Dunkelheit sein, und in der Verbindung erschafft ihr das Dritte. Du wirst zur Verbindung für Licht und Dunkelheit. Und erkennst, dass du beides bist. Einmal mehr.

Wenn du also im Aussen über wenig Geld verfügst, so nimm das nicht mehr als Zeichen dafür, dass du etwas falsch machst. Als Zeichen dafür, dass du nur noch mehr tun musst, anders sein musst, damit das Geld dann kommt. Nimm es als Einladung zu erkennen, dass DU die Fülle bist, dass die Fülle des ganzen Universums dir zur Verfügung steht. Und du dank dieser Fülle eine neue Fülle schaffen kannst, bei der es nicht um Geld geht. Dann wird das Geld wieder Mittel zum Zweck und nicht mehr Ziel, wie es jetzt ist. Verstehst Du? Es ist ein Geschenk an Dich, wenn du kein

Geld hast. Dann kannst du Geld als Ziel loslassen. Denn du siehst ja, wohin diese Haltung im Aussen führt. Die ganze Welt funktioniert nur noch nach dem Geld. Alles richtet sich nach dem Geld, sogar die Erziehung eurer Kinder orientiert sich am Geld. Das Geld ist zum Ersatz geworden. Und es ist so extrem geworden, weil damit klar gemacht werden soll, dass es niemals darum gehen kann. Und wenn dir nun im Aussen etwas – wie das Geld – »weggenommen« wird, dann deshalb, damit du innehalten kannst. Damit du dich besinnen kannst darauf, wer du in Wahrheit bist. Dann erst kann die Welt nach den höchsten Prinzipien gestaltet werden. Sonst wird sie aufgrund äusserer Zwänge gestaltet, und das haben wir ja schon. Wir sehen, wohin das führt.

Eine Revolution ist im Gange. Im wahrsten Sinne des Wortes: die Umkehr. Nicht das Aussen bestimmt, was du willst und tust, sondern du aus deiner Essenz heraus bestimmst, wie das Aussen gestaltet werden soll, im Einklang mit deiner Essenz. Dann und nur dann entsteht das Paradies auf Erden. Das Paradies auf Erden wird niemals entstehen, wenn du dich am Aussen orientierst und die Polarität dazu bringen willst, Einheit zu spiegeln. Das kann sie nicht. Das liegt nicht in ihrer Natur. Sie kann dir aber reflektieren, wer du bist, und aufgrund dieser Klarheit stellt sie sich für deine Neuschöpfung zur Verfügung.

Das Paradies auf Erden, der Himmel auf Erden lebt dann, wenn du erkannt hast, wer du bist und der Erde erlaubst, Erde zu sein. Wenn du nicht länger von der Erde erwartest, Himmel zu sein. Wenn du der Himmel bist, und die Erde darf Erde sein, dann hast du den Himmel auf Erden, dann haben wir den Himmel auf Erden. So einfach ist das …(☺)

DER HIMMEL AUF ERDEN

Du bist somit eingeladen, zum Himmel zu werden. Himmel verstanden als die Fähigkeit, heiter zu sein, klar zu sein, strahlend zu sein und mit deinem Licht auf die Erde zu leuchten. Alles zu beleuchten, was es an Wundern auf der Erde gibt. Dann musst du die Erde nicht mehr schänden, nicht mehr missbrauchen, und aus ihr etwas zu machen versuchen, was sie nicht ist. Dann musst du auch dich und deine Mitmenschen nicht mehr missbrauchen und sie zwingen, etwas zu sein, was sie nicht sind, und niemals sein können – auf dieser Ebene des Irdischen.

Dann werden Erde und Mensch erlöst und dürfen die erlösten Kinder sein, die sie sind. Kinder des Universums, die vom Himmel in dir, von den Göttern in euch erleuchtet und bestrahlt und geliebt werden.

Dann beginnt ein ganz neuer Tanz: der Tanz von Himmel und Erde in DIR! Auf der Erde. Dann darfst du gleichzeitig strahlen und leuchten und Kind sein. Ein Kind, das spielt und weiss, dass es spielt. Und nicht Spiel und Realität oder, besser noch, Spiel und Wirklichkeit verwechselt. Dann ist dem Kind jederzeit klar, dass es spielt, weil es mit seiner Wirklichkeit verbunden ist. Und wenn das Kind mit seiner Wirklichkeit verbunden ist, wird es ein Spiel spielen, das seiner Wirklichkeit entspricht. Dann kehren Reinheit, Schönheit und Liebe ein. Und nur dann.

Nicht, indem du ein Spiel zu schaffen versuchst, in dem es nur Liebe und Reinheit und Klarheit geben darf. Nicht, indem du ein Spiel schaffst, das das Irdische verbietet. Nicht, indem du ein Spiel zu kreieren versuchst, in dem es nur Friede, Freude, Eierkuchen gibt – um in eurer Sprache zu sprechen. Der Himmel auf Erden lebt dann, wenn du dem Irdischen das Irdische zugestehst, weil du erkennst, dass du das Himmlische bist. Indem du dich als König oder Königin erkennst, holst du dein Reich auf die Erde. Nicht, indem du von deinem Reich verlangst, dich als Königin oder König zu erkennen! Wie sagte Jesus doch so schön: »Gebt dem Kaiser, was des Kaisers ist, und gebt Gott, was Gottes ist.«

Ein König und eine Königin fordern ihr Geburtsrecht ein, indem sie zu ihrem Königtum stehen und sich als solche zu erkennen geben. Die Untertanen werden einen König niemals anerkennen, der sich selbst nicht als König erkannt hat.

»Erkenne dich selbst, und du wirst erkannt!« Das ist die neue Devise der heutigen Zeit. Das ist auch das Geschenk der heutigen Zeit. Damals, als Jesus der Christus auf der Erde weilte, war es noch nicht so. Er wurde nur von wenigen erkannt. Das musste so sein. Hätten alle ihn erkannt, wäre der nachfolgende Weg nicht möglich geworden. So haben ihn einige erkannt und die anderen haben weiter gesucht. Durch das Weitersuchen wurde möglich, was heute geschieht. Nämlich, den Christus nicht ausserhalb zu erkennen, sondern im Inneren. Dich als den Christus zu erkennen. Einmal mehr: durch die Weigerung im Aussen wird das Innere zum Leben erweckt. Auch damals erkannten die Menschen nicht, dass ein »perfekter« Messias, wie sie ihn erwarteten, niemals erfüllt hätte, wozu er gekommen war. Dann wäre ER der Perfekte gewesen, und sie wären einmal mehr unvollkommen geblieben.

Immer wieder tappt der Mensch in die Falle, die Perfektion im Aussen zu suchen und zu sehen – und wenn er sie gefunden hat, dann bleibt sie im Aussen. Deshalb darf es keine Perfektion in diesem Sinne im Aussen geben, sonst würde der Mensch nie zu seiner eigenen Perfektion erlöst. Dann bliebe sie immer abgespalten.

Natürlich gilt, dass das Aussen dann perfekt sein darf, wenn die Vollkommenheit im Inneren erlöst und gelebt wird. Für die allermeisten von euch ist dies jedoch noch ein Weg. Und ja, nicht immer ein ganz einfacher Weg.

Heute wirst du mit der grossen Herausforderung konfrontiert, dass die Fülle im Aussen abzunehmen scheint. Nimm dies als Zeichen dafür, dass deine innere Fülle zunimmt. Dann macht es auch Sinn, wenn viele von den Menschen, die zuvorderst als Pioniere auf diesem neuen Christusweg unterwegs sind, mit einem scheinbaren Mangel im Aussen konfrontiert sind. Du kannst dann den Mangel im Aussen als Gradmesser nehmen für deine Bereitschaft, deine Fülle im Inneren zu feiern und zum Ausdruck zu bringen.

DIE ZEITQUALITÄT

NATÜRLICH SOLL DARAUS kein neues Gesetz gemacht werden. Wie du vielleicht schon bemerkt hast, gibt es jeweilige Zeitqualitäten. Diese ändern sich immer wieder. War es etwa in den 70er und 80er Jahren »in« und angebracht, psychotherapeutisch gestützt alles auszuagieren im Sinne der Katharsis, ist heute klar geworden, dass das nicht unbedingt der Heilung förderlich ist. Trotzdem war diese Zeit eine wichtige Phase, ein wichtiger Teil des Weges. Jeder Schritt führt zum nächsten, keiner kann übersprungen werden. Und so wirst du feststellen, dass es so etwas wie eine Zeitqualität gibt. Plötzlich tauchen in den unterschiedlichsten Lebensbereichen und an den unterschiedlichsten Orten ähnliche Phänomene auf.

Gleichzeitig gibt es so etwas wie die persönliche Zeitqualität. So kann es sein, dass du bereits ganz im Einklang mit der Jetztzeit schwingst – andere noch an anderen Stationen stecken, die dir scheinbar hinterher zu hinken scheinen. Sie müssen zuerst diese Station erforschen. Und so kann, was für dich längst irrelevant geworden ist, für anderen noch zuvorderst sein. Das ist wichtig zu erkennen, damit kein Druck und keine Wertung entstehen. Und es ist wichtig, weil dann auch keine neue Religion entsteht, die alle Menschen über einen Daumen peilt.

Sagten wir also oben, dass das Aussen sozusagen ein Gradmesser für deine Bereitschaft sei, dein Innen zu erforschen und auszustrahlen, so soll damit nicht ein neues Gesetz geschaffen werden, nach dem dann diejenigen spirituell »weit« sind, die im Aussen Mangel haben. Vielmehr sollen hier Sichtweisen aufgezeigt und angeboten werden, die ein neues Erleben fördern. Es kann morgen schon wieder anders sein.

Jetzt ist die Zeitqualität so, dass sie alle, die bereit sind, dazu einlädt, sich neu zu orientieren. Sich an ihrer Essenz zu orientieren und nicht mehr am Aussen. Man könnte folgendes Bild benutzen: Du kamst aus der Einheit in die Dualität auf der Erde. Zunächst lebtest du ganz im Bewusstsein deiner Einheit, alles, was dieser deiner Quelle entsprach, war das Höchste. Das Irdische galt wenig. Du gingst sogar soweit, Menschen zu opfern, nicht weil du die Menschen nicht liebtest, sondern, weil das Göttliche Priorität hatte. Du warst nicht mit deinem Menschsein identifiziert.

Später dann begannst du, das Irdische zu erforschen, und du vergassest das Göttliche, das Göttliche rückte in den Hintergrund. Das Irdische wurde zum Massstab. Und nun geht es darum, beide miteinander zu verbinden. Du hast das Irdisch-Menschliche erforscht und bist nun bereit, es mit deinem Ursprung zu verbinden. Weder das eine noch das andere hat Vorrang – sie feiern Hochzeit. Eine hohe Zeit. Höchste Zeit, könnten wir sagen. Höchste Zeit, Hochzeit zu feiern.

Selbstverständlich gibt es auch in Bezug auf diese Entwicklung persönliche Unterschiede. Völker und Menschen, die sich an verschiedenen Stufen oder Stadien dieser Entwicklung befinden. Solche, die noch ganz auf die Einheit ausgerichtet sind und sich erst langsam dem Irdischen zuwenden, und solche, die sich wieder eher dem Himmel zuwenden, und die meisten haben immer noch das Gefühl, sich am einen oder anderen orientieren zu müssen. Das eine über das andere stellen zu müssen. So kann, das wirst du einsehen, jedoch niemals der Himmel auf die Erde kommen. Himmel auf Erden kann es nur geben, wenn beides sein darf. Deshalb hast du beides kennen gelernt, deshalb hast du beide Pole oder Aspekte deines Seins erforscht. Damit du sie nun als Facetten des Einen erkennen und in dieser Gleichwertigkeit akzeptieren und leben kannst. Wenn du magst, kannst du dir einen Augenblick Zeit nehmen und für dich, in dir erforschen, welchen Aspekten du in dir mehr Wert zuschreibst. Nicht im Sinne einer neuerlichen Wertung, sondern als Beobachtung, als Bestandesaufnahme sozusagen, die dir den Weg weist.

Das Gleiche kannst du, wenn es dir Spass macht, auch in Bezug auf verschiedene Völker tun. Und du wirst feststellen, dass viele von den Völkern, die sich auf die Einheit konzentriert haben, nun eingeladen worden sind, ihren Fokus zu ändern. Etwa, indem ihre Kulturen zerstört wurden, indem sie gezwungen werden, sich mit dem modernen Materialismus auseinanderzusetzen. Nicht als Strafe, sondern als die Möglichkeit, den anderen Pol kennen zu lernen. Damit endlich beide Aspekte ihres Seins sein dürfen. Egal, wo du dich befindest auf diesem Weg, eine nützliche Einstellung ist das Sowohl-als-auch. Du musst dich nicht mehr zwischen den beiden Polen entscheiden. Du kannst nun beide in dir gelten lassen.

DAS ENTWEDER-ODER: DIE MODERNE KREUZIGUNG – DAS SOWOHL-ALS-AUCH: DIE MODERNE AUFERSTEHUNG

DAS SOWOHL-ALS-AUCH IST eines der wichtigsten Hilfsmittel auf deinem Weg. Denn bei einer Kreuzigung kreuzen sich ja zwei Achsen, zwei Dimensionen, die scheinbar nichts Gemeinsames haben. Kurz bevor die eigentliche Kreuzigung stattfindet, erlebst du ein Dilemma, ein Ur-Dilemma: das Gefühl, dich zwischen zwei Dingen, Standpunkten, Werten, usw. entscheiden zu müssen. Das uralte, bekannte Entweder-oder. Und das grösste Dilemma, dein Ur-Dilemma, ist das, zu meinen, du müssest dich zwischen dem Menschsein und dem Gottsein entscheiden.

Ich sagte, kurz vor der Kreuzigung ist der Druck am

grössten. Im Augenblick der Kreuzigung kommen die beiden Teile zusammen und vereinigen sich in der Mitte. In diesem Augenblick wird das Dilemma aufgelöst, aufgehoben.

Das Sowohl-als-auch wäre demnach eine moderne Version der Auferstehung. Indem du beides gelten lässt, deinen Standpunkt und den Standpunkt des anderen, dein Inneres und dein Äusseres, dein Menschsein und dein Gottsein, erlaubst du dir, von deiner Kreuzigung des Entweder-oders aufzuerstehen. Dies erfordert von dir die Bereitschaft, beides gelten zu lassen.

Und bevor dieser heilige Augenblick stattfindet, erlebst du eine enorme Zerrissenheit, ein Eingeklemmtsein, ein Gefühl, etwas Essentielles von dir aufgeben zu müssen. Immer, wenn ein solches Erleben auftaucht, kannst du davon ausgehen, dass du kurz vor einer Auferstehung stehst. Und dann hast du die Wahl: wählst du die alte Form der Kreuzigung, bei der du endlos leidest, weil du nicht erkennst, dass es in der Mitte einen Ort gibt, wo das Kreuz aufgehoben ist – oder wählst du die neue Variante der Mitte. Wir haben weiter oben davon gesprochen, dass die Mitte dem Herz entspricht.

Kommst du an eine Wegkreuzung, an einen Ort auf deinem Weg, an dem du scheinbar zwischen zwei Dingen wählen musst, von denen du aber eigentlich keines aufgeben möchtest, so nimm beide Dinge/Aspekte in dein Herz hinein und bitte dein Herz, sie für dich zu verbinden. Lass dich überraschen, was dann geschieht. Es kann sein, dass es eine Weile dauert. Lass es dann einfach ruhen, wende dich anderen Dingen zu und lass die Energie deines Herzens wirken.

DEIN HERZ

SO WOLLEN WIR dein Herz als den Ort deiner Auferstehung definieren und feiern. Dein Herz, das als Kreuzung dient für verschiedene Welten, verschiedene Aspekte deines Seins.

In deinem Herzen bist du mit der Quelle verbunden, und wenn du ein offenes Herz hast, im wahrsten Sinne des Wortes, so bist du immer mit der Quelle verbunden. Wenn du dann mit dieser Verbindung bereit bist, auch alles, was dir auf deinem Weg begegnet, mit dieser deiner Verbindung übers Herz mit der Quelle zu verbinden, findet in jedem Augenblick eine Kreuzigung statt, die dir die Auferstehung ermöglicht.

Du kannst dir das so vorstellen: das Kreuz hat zwei Achsen, die Vertikale und die Horizontale. Dein offenes Herz ist die vertikale Achse, und die irdische Welt der Polarität ist die horizontale Achse. Wenn du immer in der Vertikalen verbunden bist und bereit, das Horizontale mit dieser Vertikalen zu verbinden, so wirst du gekreuzigt in einer Weise, die im gleichen Augenblick die Kreuzigung aufhebt.

So ist dein offenes Herz deine Fahrkarte zur Auferstehung. Wenn nun dein Herz verschlossen ist, dann findet die Kreuzigung statt, doch dieses Mal erlebst du sie auch als Kreuzigung im Sinne des Leidens. Weil das verschlossene Herz sozusagen Widerstand leistet, es ermöglicht dir nicht die Aufhebung bzw. Transformation des Polaren. Vielmehr hält es dich auf der polaren Ebene »gefangen«.

Wir plädieren hier somit für ein offenes Herz. Und gleichzeitig wissen wir auch, dass dies ein Weg ist. So könnten wir das Gesagte auch umkehren: indem du bereit wirst, alles, was dir auf deinem Weg begegnet, mit dem Herzen zu verbinden, öffnest du dein Herz zurück zur Quelle und hebst die Kreuzigung auf, bzw. erlöst dich zur Auferstehung. Indem du dich entscheidest, dein Herz für das, was dir begegnet, zu öffnen, öffnest du die Tür, deine Tür, zur Transformation und damit für die Verbindung des Polaren mit dem Nicht-Polaren. Du ermöglichst dem Polaren mit dieser deiner Bereitschaft, das dir Begegnende mit deinem Herzen zu empfangen, auf eine neue Seinsebene gehoben zu werden. Du erlöst damit das Polare, auch im Sinne des Leidens, zum Nicht-Polaren dank der Auferstehung. In dem Augenblick, in dem das Polare übers Herz mit deinem Sein verbunden wird, auferstehst du: aufersteht Gott in dir. Steht Gott auf, erhebt sich Gott und erlöst damit dein Menschsein.

Kannst du das nachvollziehen? Vielleicht weißt du noch nicht genau, wie das geht, wie du das bewerkstelligen kannst. Sicherlich nicht immer einfach. Auch hier geht es primär einmal um das Bild, die Energie. Eine ganz neue Sichtweise der Kreuzigung und der Auferstehung als innere Prozesse. Auch hier wieder der Schritt vom Aussen zum Innen und damit die Verbindung der beiden. Das Aussen kennst du, es ist bereits vollbracht. Nun darf es mit dem Inneren der Essenz verbunden und damit aus der Polarität und Trennung erlöst werden.

Dein Herz: dieser wunderbare Ort, diese wunderbare Qualität, die scheinbar Unvereinbares miteinander verbinden kann. Eine Qualität, die du dir über das Denken kaum vorstellen, geschweige denn erschliessen kannst. Was das Wunderbare an dieser neuen Zeit ist, ist die Tatsache, dass selbst die Wissenschaft entdeckt hat, dass Herz und Hirn gemeinsame Zellen haben, dass an beiden Orten gleichartige Zellen leben. Damit wird ein weiterer Gegensatz aufgelöst. Dein Hirn hat Herzzellen bekommen und dein Herz Hirnzellen. Damit kannst du nun mit deinem Hirn fühlen und mit deinem Herzen denken – hast du dir das nicht immer gewünscht? Dass dieser Gegensatz, diese Unvereinbarkeit, aufgehoben wird?

Jetzt kannst du ganz bewusst damit spielen. Du kannst damit spielen, mit deinem Herzen zu denken, und du kannst damit spielen, mit deinem Hirn zu fühlen. Lass diese Möglichkeiten einfach in dir nachklingen, ohne gross zu überlegen, ob denn das möglich sei. Wisse einfach, dass es möglich ist.

Wenn wir dich einladen, dein Herz zu öffnen, so bedeutet das auch, auf dein Denken im herkömmlichen Sinne zu verzichten. Wir könnten auch sagen: erlaube dir, dein Herz als Mass aller Dinge zu erleben und gelten zu lassen. Dann ist dein primärer Bezug immer dein Herz. Und auch wenn du denkst, wirst du mit dem Herzen denken, denn du entfernst dich dann nicht vom Herz, um zu denken, sondern du gehst von deinem Herzen aus, du denkst in deinem Herzen, mit deinem Herzen. Bildlich gesehen kannst du dir vorstellen, mit deinem Denken, deinem Hirn, in dein Herz hinein zu sinken und dort zu denken. Und umgekehrt: du gehst in dein Herz und schaust die zu reflektierende Angelegenheit von dort aus an. Manchmal ist die erste Variante näher liegend, manchmal die zweite.

Warum wir so auf dem Herzen beharren? Das Herz ist das Organ, der Ort, der dich mit deinem Ursprung verbindet. Mit der Einheit. Und wenn du dein Herz annimmst als diesen Ort, nimmst du auch an, dass du in deinem

Menschsein mit diesem Ort verbunden sein kannst. Und alles, was du erlebst, kannst du dann in dieser Qualität erleben. Und du weißt aus Erfahrung, dass du im Herzen dein Innerstes spürst. Dort spürst du Liebe, Freude, Verbundenheit. Das Herz ermöglicht dir das ERLEBEN der Verbindung im Körper.

Unsere Einladung ist die, dein Herz nach aussen und nach innen zu öffnen. Es als das Tor zu sehen und damit auch zu aktivieren, das die beiden Welten, die deines Ursprungs, und die deines Menschseins, miteinander verbindet.

Atme tief und weit und erlaube dir, dieses dein Herz als Tor zu erleben. Spüre die Qualität des Raumes in deinem Herzen. Eines Raumes, der unendlich gross, unendlich neutral und unendlich geduldig ist. Er ist einfach. Er ist. Dieser Raum ist in dir. Ein Raum, in dem alles sein darf. Nichts ausgeschlossen wird. Nichts gewertet wird. Dort darf auch das scheinbar Hässlichste, Widerlichste, Schwierigste, Unangenehmste, Schmerzlichste sein. Dort ist alles aufgehoben. Dort gibt es nur Liebe. Und wenn du Hass in deinem Herzen spürst, so ist auch der Hass in der Liebe, weil er in deinem Herzen ist.

Einmal mehr möchten wir dich auf etwas hinweisen: die Tatsache, dass du auch Nicht-Liebe erleben kannst, ist ein Beweis dafür, dass du Liebe kennst. Denn wenn du sie nicht kennen würdest, könntest du die Nicht-Liebe nicht erkennen. Dann würdest du ganz einfach Nicht-Liebe erleben. Dies gilt für alles, was du erlebst. Die Tatsache, dass du Hass erleben kannst, ist ein Hinweis, oder besser noch Beweis dafür, dass du auch Nicht-Hass kennst. Die Tatsache, dass du Trennung erlebst, ist ein Beweis dafür, dass du Verbindung kennst. Wie sonst könntest du Trennung erkennen, woran sonst könntest du dein Erleben messen?

So haben wir hier wiederum einen Beweis für Deine Essenz. Indem du der Schöpfung mit deiner Essenz, aus deiner Essenz heraus begegnest, erkennst du und erlebst du deine Essenz. Indem du deine Nicht-Essenz erlebst, erkennst und erlebst du deine Essenz.

Das Gleiche gilt, wie wir bereits festgestellt haben, auch für den Schmerz. Und der Ort, an dem diese »Messung« stattfindet, diese Begegnung, ist dein Herz. Deshalb reagiert es mit Schmerz. Weil das, was dir begegnet, in Beziehung tritt zu dem, was du bist. Diese Begegnung von dir mit der Schöpfung will in seiner Heiligkeit erkannt werden. Ein heiliger Akt: Schöpfer und Schöpfung begegnen sich. Die Herausforderung ist die, im Augenblick der Begegnung das Bewusstsein zu haben und zu halten, dass du beides bist. Im Normalfall identifizierst du dich mit dem einen oder dem anderen und vergisst, dass du beides bist. Und wenn dies der Fall ist, ist Schmerz die Folge. Wenn allerdings das Bewusstsein und die Bereitschaft da sind, beides zu sein, dann ist die Folge ein Erleben von Lust.

Lust und Schmerz sind, wie du weißt, nah beieinander und doch gilt für die meisten Menschen, dass sie den Schmerz meiden und die Lust suchen.

Gleichzeitig, und das ist das Fatale der heutigen Zeit, sind die Lust verteufelt und der Schmerz idealisiert worden. Eine Sackgasse, eine Situation, in der du nicht gewinnen kannst. Du suchst das, was dir Spass macht, doch darf der Spass nicht sein. Du meidest das, was dir keinen Spass macht, doch sollte das sein. Ein schreckliches Dilemma. Ja, ein Dilemma mehr.

DIE LUST

WIR MÖCHTEN GERN mit dir die Lust befreien. Die Lust als der höchste Ausdruck der Vereinigung. Der Vereinigung von gleichwertigen Polen. Weshalb endet die Vereinigung des Männlichen und Weiblichen in der Lust? War das ein Fehler des Schöpfers? Oder sollte es nicht vielmehr ein Anreiz sein?

Warum suchen so viele Menschen diese Lust, und warum wird sie gleichzeitig von so vielen Menschen verteufelt und gemieden? Was hat es mit der Lust auf sich?

In einem gewissen Sinne könnte man sagen, dass sich dein ganzes Leben als Mensch um die Lust dreht. Das beginnt mit der »kleinen« Lust und endet mit der »grossen« Lust. Die kleine Lust wäre demnach die Lust, die nicht direkt mit der Sexualität zu tun hat, die Lust auf etwas, die grosse Lust wäre die sexuelle Lust.

Die Lust ist eine wesentliche Antriebskraft in deinem Leben. Nicht von ungefähr heisst es: ich habe Lust, das zu tun oder ich habe keine Lust. Mit der Lust beginnt ein wesentlicher Impuls zur Handlung. Natürlich ist euch auch klar, dass ihr nicht immer nach der Lust handeln könnt. Doch warum eigentlich nicht?

Wenn die Lust tatsächlich Ausdruck und Erleben der Vereinigung von deiner Essenz mit der Schöpfung ist, wenn die Lust tatsächlich dein Innerstes mit dem Aussen verbindet, dann muss es um die Lust gehen. Dann ist die Lust gemeint.

Gerade die jungen Menschen sprechen heute häufig davon, keine Lust auf etwas zu haben. Nun könnte dich das empören – wer kann sich schon leisten, nach dem Lustprinzip zu leben? Ja. Bis jetzt konntest du es dir nicht leisten. Und dennoch hat ja in einem gewissen Sinne deine ganze Erdenreise mit der Lust begonnen. Mit der Lust auf eine verbotene Frucht, die Eva Adam anbot. Wurde deshalb die Lust verteufelt? Weil sie euch aus dem Paradies lockte – und das erst noch vom Weib, dem »verfluchten« Weiblichen?

Wir möchten dich einladen, die Lust als Wegweiser zur Heimkehr ins Paradies zu benutzen. Die Lust hat dich hinaus geführt und jetzt kann sie dich wieder hinein führen. Die Lust in zweifacher Hinsicht. Vorher sprachen wir von der kleinen und der grossen Lust. So könnten wir die kleine Lust als die Lust beschreiben, die dich motiviert, den Weg zum Paradies zu gehen und die grosse Lust als das Erleben des Paradieses. Einmal mehr ist Ziel und Weg eins. Die Lust als Weg und die Lust als Ziel. Der Weg ist das Ziel. Überrascht?

Die Lust als der Impuls, der von deiner Erinnerung her stammt, der Erinnerung an deinen Ursprung, ans Paradies. Und die Lust als das Erleben des Paradieses in deinem Menschsein.

Auch hier gilt es natürlich zu differenzieren bzw. genauer hin zu schauen. Die Lust als Wegweiser: nicht immer kannst du sie eins zu eins übernehmen. Vielmehr braucht auch die Lust eine Art Übersetzung. Nehmen wir ein Beispiel: Du hast keine Lust zu arbeiten. Wie soll nun diese Lust dich zum Paradies führen? Indem du jede Arbeit verweigerst? Könnte in der Zwischenzeit etwas schwierig werden für dein inneres Kind, da es ja davon überzeugt ist, dass es ohne Arbeit nicht überleben kann. Sprich, kein Geld verdient, damit es das kaufen kann, was es zum Überleben braucht. Die Übersetzung könnte etwa folgendermassen aussehen: Du hast keine Lust zu arbeiten. Darin ein Erinnern an den paradiesischen Zustand des Nichts-tun-müssens. Du beginnst, diese Möglichkeit in Betracht zu ziehen. Zunächst einmal in deinem Inneren die MÖGLICHKEIT zu zulassen, dass es auch ohne Arbeit geht und dass diese deine Lust, bzw. Unlust auf Arbeit, gültig ist. Eben eine Erinnerung. Zwar weißt du noch nicht, wie du diese Lust umsetzen kannst, doch gibst du ihr Raum und lässt sie gelten. Du nimmst sie sozusagen als Anhaltspunkt mit auf deine Reise. Und das kannst du mit allen »Lüsten« tun. Sie nehmen als Anhaltspunkt für eine Erinnerung, als Wegweiser. Die Lust nach Zärtlichkeit, die Lust auf Liebe. Die Lust auf Frieden. Die Lust auf Freiheit. Das alles sind Impulse, die auf einer Erinnerung basieren, der Erinnerung an deinen Ursprung. Sie sind gültig.

Nun, magst du einwenden, die Lust auf »Schönes, Positives« mag ja gültig sein, doch was hat es mit der Lust auf »Negatives« auf sich? Etwa die Lust, jemanden zu töten – kannst du auch dieser Lust folgen? Auch hier ist der Übersetzungsprozess wichtig. Zunächst einmal gilt, wie wir es bereits beschrieben haben, dass jeder Impuls gültig ist. Auch ein solch »schrecklicher«. Was steckt hinter der Lust zu töten? Ist es nicht das Bedürfnis, das, was getötet werden soll, zu vernichten? Und was willst du denn töten, wenn nicht etwas, das dich in irgendeiner Weise bedroht? Könnte es also nicht sein, dass diese Lust zum Töten eine Lust nach einem inneren Frieden ist? Indem du das tötest, vernichtest, was dich bedroht, stört, usw. schaffst du Frieden für dich selbst. Oder du tötest, damit du nicht verhungern musst. Der Impuls entstammt dem Bedürfnis zu überleben – was in jeder Hinsicht gültig ist. Und gesund. In jedem Fall hat der Impuls seinen Ursprung in deiner Essenz. In deiner Erinnerung an deine Essenz, an einen Seinszustand, in dem du aufgehoben warst und alles hattest, was du brauchtest.

Bist du schockiert? Der Impuls zu töten kommt aus deiner Essenz? Das kann doch wohl nicht sein. Der Impuls zu töten kann doch nur aus einer Perversion heraus kommen, wirst du einwenden. Ja und nein. Der Impuls kommt aus der Essenz. Jeder Impuls kommt aus der Essenz. Anders ist es gar nicht möglich. Allerdings, und da magst du in einem gewissen Sinne von Perversion im Sinne der Verdrehung sprechen, ist die Form, die Gestaltung des Impulses manchmal verdreht. Statt dich darauf zu besinnen, woher dieser Impuls kommt und was es mit diesem Impuls, dieser Lust, auf sich hat, folgst du ihm/ihr ganz unkritisch im Sinne von unreflektiert. Du führst ihn, den Impuls, nach Aussen ohne dir klar zu machen, ob die nach aussen gestaltete Aktion überhaupt zum gewünschten Ziel führt. Ein Zwischenschritt ist einzuschalten. Derjenige der Reflektion, des Innehaltens und Reinspürens. Was ist es, worauf ich WIRKLICH Lust habe – wirklich im Sinne der Wirklichkeit. Bringt mir das Töten dieses anderen Wesens tatsächlich die erhoffte Wirkung? Bringt mich das Umsetzen meiner Lust, so wie ich es bisher praktiziert habe, tatsächlich die Befriedigung und Erfüllung? Oder geht es nicht vielmehr darum, die Lust als Wegweiser zu benutzen, ohne sie unbedingt unkritisch und unreflektiert auszuleben.

Du siehst: wir plädieren für die Lust, aber nicht im alten Sinne des Auslebens. Sondern im neuen Sinne der Wahrnehmung. Die Lust als Wegweiser nach Innen, und nicht als Wegweiser nach Aussen. Einmal mehr die Umkehr. Die Lust als Wegweiser nach Innen, als Wegweiser zu deiner Essenz. Dann entspricht die Lust dem Impuls deines inneren Kindes, deines göttlichen Kindes. Ein Kind tut, wozu es Lust hat. Und die Eltern sorgen dafür, dass es dabei weder sich selbst noch die anderen verletzt. In diesem Sinne ist es gemeint.

Und wenn dir das gelingt, dann bist du unterwegs zur grossen Lust im Sinne des Erlebens der Vereinigung. Dann können sich dein inneres Kind und deine inneren Eltern vereinigen. Dann können Himmel und Erde in dir eins werden. Dann erlebst du das Paradies auf Erden. Dann ist die grosse Lust das physische Erleben der Vereinigung. Das Erleben der Liebe in und dank deinem Körper. Und du weißt ja, dank der Lust, in der Lust, wird Leben gezeugt. Es ist die Lust, die dich drängt, dich zu vereinen und dir anzeigt, dass du vereint bist. Im Orgasmus, dem physischen Erleben der Lust, vollzieht sich die Vereinigung von Eizelle und Samen zu einem neuen Geschöpf.

LUST UND LIEBE

LUST UND LIEBE hast du lange Zeit getrennt. Dabei sind sie eigentlich Facetten des Gleichen. Sie gehören untrennbar zusammen. Es ist die gleiche Trennung, die du zwischen deinem Herzen und deinem Körper vollzogen hast, zwischen deinem Ursprung und deinem Leben auf der Erde. Die Liebe als das Reine, die Lust als das Schmutzige. Und so hast du auch die Lust aus der Empfängnis Jesu verbannt, hast die Empfängnis von Christus zu einem Akt der Liebe gemacht, in der es keine Lust gab: Jungfräulichkeit. Gerade die Kirche hat die Lust abgespalten und versucht sie teilweise sogar über den Schmerz zu kompensieren. Aber die Lust lässt sich nicht vom Menschen und seinem Leben im Körper abspalten, ausschalten, eliminieren. Sie gehört zum Menschen. Und das soll auch so sein.

Hast du dir schon einmal überlegt, was geschähe, wenn es keine Lust mehr gäbe? Lust im engeren und weiteren Sinne? Warum schleicht sich die Lust in so vielen (verbotenen) Formen in dein Leben ein? Weil sie schlecht ist, weil du schlecht bist? Oder weil sie ein Teil von dir ist, ein wesentlicher Teil?

Was würde geschehen, wenn es die Lust nicht gäbe? Meinst du, dass Männer und Frauen es wagen würden, aufeinander zu zugehen, sich aufeinander einzulassen? Natürlich gäbe es vordergründig sehr viel mehr Frieden. Frauen würden möglicherweise nicht geschändet und missbraucht für die Lust des Mannes, und umgekehrt. Kinder würden nicht um der Lust willen geschändet und missbraucht. Also, magst du einwenden, gäbe es doch nur Vorteile. Warum also beharrt die Lust so hartnäckig auf ihrem Recht?

Könnte es sein, dass sie dich auf einen Weg locken möchte? Einen Weg, den du ohne sie niemals eingegangen wärst und niemals eingehen würdest? Könnte es sein, dass es die Lust ist, die dich dazu verleitet, verführt, das Polare mit deinem Ursprung zu verbinden? Indem sie dich sozusagen in die Irre leitet, weg leitet von dem was du kennst, verführt sie dich, dich auf einen Weg zu machen. Einen Weg, der dich erkennen lässt, wer du bist. Indem sie dich in die Welt der Polarität verführt, kann diese Polarität mit deiner Einheit verbunden werden. Indem sie dich als Mann zur Frau hinführt, kannst du dich als Mann mit dem Weiblichen verbinden, und umgekehrt. Die Lust ist eine Kraft, die dich über dich selbst hinausführt. Die dazu führt, dass du über dich selbst hinaus wächst. Dass du mehr wirst, als du bist. Ja, sie lockt dich, verlockt dich, mehr zu werden, als du bist. Ohne die Lust würdest du bleiben, was du bist.

Du würdest damit zwar keine »Fehler« machen, aber du würdest damit auch nicht die Möglichkeit haben, dich zu erweitern. So wie du es getan hast, indem du das Paradies verlassen hast.

So gesehen ist die Lust, ist die Entscheidung zur Lust, eine Entscheidung, die Mut erfordert. Und Liebe. Die Liebe, die sich erweitern und potenzieren will. Und Potenz ist ja Voraussetzung für Lust. Zumindest für das Männliche (☺). Die Lust erfordert Mut. Und Kraft. Sie ist Kraft. Eine Urkraft. Die Urkraft des Weiblichen, die dem Männlichen ermöglichen möchte, seine Potenz zu erleben. Potenz verstanden auch als die Fähigkeit zur Schöpfung. Dank der Lust gibt es Schöpfung. Dank der Lust können sich Schöpfer und Geschöpf begegnen.

Kommen wir zurück zur Spaltung von Lust und Liebe. Wenn Lust und Liebe als Facetten des Einen erkannt und gelebt werden, sind Schöpfer und Geschöpf vereinigt. Dann erlebt das Geschöpf die Liebe des Schöpfers in der Lust. Die Erlaubnis zur Lust ist die Erlaubnis, gleichzeitig Schöpfer und Geschöpf zu sein. Und diese Erlaubnis erfordert Liebe, den Mut zur Liebe.

Und: die Lust bringt dich ins Jetzt. Dann geht es nicht mehr um Strategien, die dir ermöglichen, das von dir Gewünschte zu realisieren, sondern dann handelst du aus dem Impuls des Augenblicks heraus, eben aus der Lust.

Die Lust als Einladung und Tor zum Jetzt. Auch das Liebe. Denn, wenn du die Lust leben darfst, bedeutet das auch, dass es nichts mehr zu erreichen gilt und gibt. Dann bedeutet das ganz einfach: Du darfst jetzt sein, wie du bist. Auch in diesem Sinne Liebe. Die Liebe, die weiss, dass sie ist und deshalb nichts anderes tun oder sein muss, als was sie ist. Dann gilt es nicht mehr, irgendein Ziel zu erreichen, damit du Liebe erlebst. Dann bist du die Liebe, die sich in der Lust zum Ausdruck bringt.

Die neue Lust als Ausdruck der Liebe im Jetzt. Wenn du nur noch deiner Lust zu folgen brauchst, wenn du nur noch deiner Lust folgen darfst, dann bedeutet das auch, dass du nichts anderes mehr sein musst. Dass du erkennst, dass du schon alles bist. Wenn du alles bist, brauchst du nichts mehr zu tun, brauchst du nichts anderes mehr zu sein.

So gesehen holt dich die Lust auch aus dem alten Denken. Aus dem strategischen Vorgehen, das aus dem Denken resultiert. Du darfst dann ganz einfach dich selbst sein. Und du musst dich auch nicht mehr darum kümmern, was aufgrund deines Auslebens der Lust geschieht. Denn, wenn du die Lust im oben beschriebenen – übersetzten – Sinne auslebst, dann bedeutet das auch ein Bekenntnis zu deiner Essenz im Sinne der Liebe. Du gehst davon aus, dass du Liebe bist.

DU BIST DIE LIEBE

ERKENNE DICH SELBST als die Liebe. Erkenne, dass du die Liebe bist. In dem Augenblick wirst du zum Mittelpunkt, zur Sonne, die ihre wärmende Liebe in alle Richtungen verströmt. Und ihrer Lust folgt, zu strahlen. Und immer wieder zu strahlen und zu wärmen. Weil das ihre Natur ist. Erkenne dich als die Liebe, und du wirst frei, deiner Lust zu folgen.

Wir haben die Lust als Weg und Ziel beschrieben. Wir könnten auch sagen: im Augenblick, in dem du erkennst, wer du bist, was du bist, bist du frei, deiner Lust zu folgen. Dann brauchst du im Aussen nichts mehr zu holen, nichts mehr zu sein. Dann bist du frei. Und wenn du frei bist, kannst du deiner Lust folgen. Dann kannst du nichts falsch machen. Denn das ist ja ein weiterer Aspekt der Lust. Du hast bis jetzt die Erfahrung gemacht, dass es »falsch« war, deiner Lust zu folgen. Denn die Lust hat dich sozusagen in den Schlamassel geführt, in dem du jetzt steckst. So zumindest hat es die Kirche dargestellt, und auch viele Religionen.

Wenn du nun erkennst, wer du bist, bist du befreit vom Falschen. Dann gibt es nichts Falsches, dann kann nichts Falsches aus dir erwachsen, denn dann wird das von dir Gestaltete aufgrund deiner Essenz gestaltet. Dann wirst du eins mit deinem Schöpfertum, du wirst zum Schöpfer, dessen Schöpfung nicht anders kann, als mit deiner Qualität als Schöpfer überein zu stimmen.

Wenn du eingestimmt bist auf das, was du in Wahrheit, in Wirklichkeit bist, dann wird alles, was als Impuls über die Lust aufgrund dieser deiner Einstimmung ausgedrückt wird, mit deiner Wirklichkeit übereinstimmen.

Erlaube Dir, dich für diese Wahrheit zu öffnen und dich als die Liebe und den Mittelpunkt zu erkennen. Dann bist du es, der in dieser Qualität der Liebe alles bestrahlt. Dann wird alles von dir als der Liebe durchdrungen und du gestaltest deine Schöpfung in Übereinstimmung mit dieser deiner Essenz der Liebe. Und wenn du dann deiner Lust folgst, so kann diese Lust nur Liebe schaffen. Schaffe die Liebe aus deiner Mitte dank deiner Lust. Lass dich von deiner Lust zur Liebe leiten. Gestalte deine Welt mit dieser deiner Lust.

Mit der Lust stellst du dich in den Mittelpunkt. Wenn du dich an deiner Lust orientierst, stellst du dich in den Mittelpunkt. Du stellst dich in den Mittelpunkt und stellst dich ins Jetzt. Ist es nicht das, was die jungen Menschen heute tun? Ist es nicht das, was immer mehr Menschen heute tun? Kann das falsch sein? Oder ist nicht vielmehr das gemeint? Und alle Versuche, dich von dir weg zu bringen im Sinne der Überwindung des Egos, haben noch mehr in diese Richtung geführt. Warum? Oder besser noch wozu?

Könnte es sein, dass damit eine neue Richtung eingeschlagen wird, wenn du diese Tendenz nicht mehr als falsch wertest, überhaupt nicht mehr wertest, sondern, einmal mehr, als Wegweiser, als richtungsweisend erkennst? In eine neue Richtung weisend. In die Richtung deines göttlichen Kindes, das sich selbst in den Mittelpunkt stellen möchte. Das war immer so gemeint.

DIE NEUE VEREINIGUNG

UND WENN DU nun den Weg der Erleuchtung, den du bereits früher gegangen bist im Sinne des Todes deines Menschseins, mit diesem deinem Impuls zum göttlichen Kind verbindest, dann vollzieht sich die Vereinigung von Himmel und Erde. Wenn du erkennst, dass da einmal mehr eine Gleichzeitigkeit gefragt ist: der Mut, zu deinem göttlichen Kind und seinen Impulsen zu stehen und gleichzeitig nicht zu erwarten, dass die Schöpfung diese Impulse befriedigt. Nicht also, den Impuls aufzugeben, wie du es bisher meintest im Sinne von: die Impulse, die Bedürfnisse sind falsch, sondern die Impulse als Ausdruck deines Innersten erkennen und annehmen und als Wegweiser benutzen. Als Wegweiser nach Innen allerdings, und nicht als Wegweiser nach Aussen. Nicht so: du hast den Impuls und musst ihn unbedingt im Aussen befriedigen. Sondern so: du hast den Impuls und er zeigt dir, wer du in Wahrheit bist. Und dank diesem Erkennen deiner innersten Wahrheit, deiner Essenz, kannst du nach Aussen wirken und das Aussen verändern bzw. im Einklang mit diesem Innersten gestalten.

Die neue Vereinigung führt dich zu dem Zustand, in dem alles, restlos alles sein darf, wie es ist. Und nicht nur das. Es darf sein und ist gültig. Und enthält eine Botschaft, eine Wahrheit. So genannte niedrige Impulse, die dem Menschsein entspringen, sind dann nicht mehr falsch oder zu überwinden, sondern sind Ausdruck deiner Essenz und wollen, übersetzt, zum Ausdruck gebracht werden. Die Übersetzung vollzieht sich sozusagen über das Aussen. Indem es eben nicht möglich ist, einfach jemanden zu töten, weil du dazu Lust hast. Das lässt dich innehalten und zwingt dich zur Übersetzung. Es gilt somit, gleichzeitig die Gültigkeit deines Impulses zu erkennen und damit deines Innersten, und die Gültigkeit des Aussen, und damit deines Menschseins. Und wenn beide gültig sind, sind sie beide, gleichzeitig. Die Trennung ist aufgehoben, sie werden miteinander zu einem neuen Ganzen verwoben.

DAS NEUE ZUSAMMENSPIEL

GANZ ZENTRAL IN diesem neuen Zusammenspiel ist das Annehmen beider Facetten als gültige Teile, von denen keiner zu überwinden oder zu ändern ist. Vielmehr ergeben sie, wenn du sie miteinander verbindest, ein Ganzes, das mehr ist als nur die Summe der beiden Teile.

Das neue Zusammenspiel ist eine Einladung, den alten Kampf aufzugeben. Nicht also den einen Aspekt, etwa den Impuls zu töten, zu bekämpfen, denn dann wird er nur noch mächtiger. Ihn auch nicht zu bewerten, denn dann wird die Polarität aufrechterhalten, und wenn du etwas tust, was negativ bewertet wird, bist du ausserhalb der Einheit, bist du getrennt von der Liebe und damit von dir. Wenn du wertest, trennst du den Teil, den du wertest, von dir. Dann gibt es wieder Trennung und wo Trennung ist, gibt es früher oder später auch Kampf.

Du siehst, der Weg zum neuen Ganzen im Sinne eines neues Zusammenspiels von dir als Mensch und dir als Gott kann niemals bedeuten oder von dir verlangen, dass du einen Teil von dir zurück lässt oder überwindest. Also keine Kasteiung, keine Askese, denn das wäre die alte Abspaltung.

Das neue Zusammenspiel lädt dich ein, beide Teile miteinander spielen zu lassen. Nehmen wir den Impuls zu töten. Wenn es nicht mehr darum geht, ihn zu verurteilen, zu werten oder von dir abzutrennen, wenn es nicht mehr darum geht, ihn zu überwinden, gleichzeitig aber auch nicht darum, ihn einfach unreflektiert auszuleben, was dann?

Wir laden dich ein, ihn als Signal von deiner Essenz wahr zu nehmen. Als Signal dafür, dass etwas in dir diesen Impuls hat und deshalb dieser Impuls gültig ist. Gültig heisst jedoch nicht unbedingt, und da kommt die Übersetzung, das neue Zusammenspiel ins Spiel, dass es eins zu eins auszuführen ist. Etwas im Aussen hat diesen Impuls zu töten ausgelöst. Etwas ist im Aussen so massiv geworden, dass in dir der Impuls geboren wurde, es zu töten. Der Impuls ist gültig: gültig ist, dieses Etwas töten zu wollen, vernichten zu wollen. Gültig ist aber gleichzeitig auch, dass das andere sein darf, was es ist. Denn »es« hat sich ebenfalls aus einem solchermassen gültigen Impuls heraus so verhalten, dass es in dir diesen Impuls ausgelöst hat. Beides ist gültig: dein Impuls und das Andere, wie es ist.

Hast du dich schon einmal in einer Situation befunden, in der du verzweifelt warst, weil du ein Bedürfnis hattest, dass du aufgrund äusserer Umstände nicht in die Tat umsetzen konntest? Und was hast du dann getan? In der Regel verdammst du entweder deinen Impuls, versuchst ihn zu überwinden, abzuspalten usw., oder du tust das Gleiche mit der Situation im Aussen, nämlich werten, dich trennen von dem, was im Aussen diese Reaktion ausgelöst hat. Nun ist also die Einladung die, beides gleichzeitig gelten zu lassen. Deine Reaktion, deinen Impuls und die Situation im Aussen. Beide sind gültig und müssen deshalb nicht gewertet werden. Kannst du dir vorstellen, dass dadurch, dass du in dir die Haltung hast, dass beides gültig ist, du beide miteinander auf einer neuen Ebene verbindest? Du kannst dir das vorstellen wie ein Verschmelzen der beiden in Liebe. Statt einer Trennung, die dich ewig hin und herpendeln lässt.

Klar, wirst du sagen, und dennoch, was tue ich mit dem Impuls? Die Magie dieses neuen Zusammenspiels ist die, dass der Impuls sich verändert, in dem Augenblick, in dem er sein darf und in dem das Andere auch sein darf. Denn dann werden sie verbunden, verwoben, sie verschmelzen zu etwas Neuem. Der Impuls wird gewandelt. Der Impuls wird erlöst. Das kennst du auch von Kindern: in dem Augenblick, in dem man ihrem Schmerz, ihrem Bedürfnis volle Aufmerksamkeit schenkt, verliert dieses an Bedeutung, dann wird es spannender, sich dem nächsten Spiel zu zuwenden.

Es ist dies eine Einladung, nichts mehr »lösen« zu müssen. Du bist dann wirklich das Gefäss, durch das diese Impulse fliessen, ohne dass sie notwendigerweise zu einer Handlung führen müssen. Du bist dann befreit vom Impuls, etwas ändern zu müssen, lösen zu müssen.

Spürst du, wie anders sich das anfühlt, wenn du nichts mehr ändern, nichts mehr lösen musst? Wenn du nicht zwanghaft deinen Impulsen folgen musst, weil sie einfach sein dürfen? Indem sie sein dürfen, werden sie erlöst. Dann erst bist du frei, im Einklang mit deinem Innersten eine Form zu finden, die deine Essenz zum Ausdruck bringt. Dann ist der Impuls erkannt worden als Ruf Deiner Seele, dich mit ihr zu vereinen.

Wenn alles gültig ist, alles sein darf, bist du frei. Dann musst du das Aussen nicht so verändern, dass es dem Bild oder der Vorstellung entspricht, die du hast. Dann darf das Aussen einfach sein, wie es ist. Und indem es sein darf, wie es ist, und du mit deiner Reaktion auf dieses Aussen sein darfst, wie du bist, vollzieht sich die Transformation. Die Form wird nebensächlich, wird Mittel zum Zweck. Die Form ist dann der Weg, der dich jenseits aller Form führt, damit du dann wiederum aus diesem Zustand jenseits aller Form eine Form schaffen kannst, die deiner Essenz entspricht.

Kommen wir zum neuen Zusammenspiel zurück. Wie der Begriff Zusammenspiel besagt, ist es ein Spiel, bei dem verschiedene Kräfte oder Wesen zusammen spielen. Es ist ein Zusammen, etwas Gemeinsames, und es ist ein Spiel. Denke etwa an die Spiele, die ihr Menschen spielt, Tischtennis, Tennis oder andere Ballspiele. Dabei geht es darum, den Ball von der einen Person zur anderen immer wieder hin und her zu spielen. Und es ist klar, dass der Ball immer angenommen wird, sofern das möglich ist. Es ist klar, dass ihr beide über den Ball, über das Spiel, verbunden seid. Natürlich vergesst ihr manchmal auch in einem solchen Spiel, dass es ein Spiel ist, dann wird es ernst, dann wird gekämpft. Wenn ihr euch aber an das Prinzip des Spiels erinnert, dann wird klar, dass es einfach darum geht, auf spassige Art und Weise miteinander in Verbindung zu sein.

Das neue Zusammenspiel ist eine spassige Art und Weise, für den Schöpfer und sein Geschöpf, in Verbindung zu sein. Manchmal sieht es sogar so aus, als würden sie gegeneinander kämpfen, genauso wie in euren menschlichen Spielen. Aber eigentlich wisst ihr, dass es ein Spiel ist, genauso wie es der Schöpfer immer weiss, und tief im Innersten auch sein Geschöpf.

Klar ist auch, dass du ein solches Spiel niemals alleine spielen kannst. Es braucht mindestens zwei Menschen dazu. Ebenso klar ist, dass der Schöpfer dieses Spiel niemals allein spielen könnte. Er braucht dazu einen Mitspieler. Dieser Mitspieler bist du in deinem Menschsein, du als Geschöpf. Oder anders gesagt: Du als Mensch spielst mit der Schöpfung. Auch da wieder zwei Spieler. Die Schöpfung spielt mit dir dein Spiel des Schöpfens. Sie wirft dir immer wieder den Ball zurück. Dann ist der Ball bei dir. Und du kannst entscheiden, ob du den Ball wieder zurück wirfst, in die Schöpfung hinein. Und so weiter …

Du hast jetzt die Möglichkeit, dich für dieses neue Zusammenspiel zu entscheiden. Dabei entscheidest du dich vor allem, deinen Weg als Spiel zu sehen und zu erleben. Und du machst dir bewusst, dass es etwas Gemeinsames ist. Das allein schon gibt dir ein anderes Gefühl, das Gefühl, nicht allein zu sein.

BEZIEHUNG IST

In diesem neuen Zusammenspiel wird dir klar, dass Beziehung bereits ist. Du bist in Beziehung, immer. Anders geht es gar nicht. Das gilt sowohl für deine Beziehung als Mensch zu Gott wie auch für deine menschlichen Beziehungen.

Weiter oben sagten wir, es gäbe nichts zu tun. Dies wird hier noch einmal von einer anderen Seite her bestätigt. Wenn Beziehung ist, dann musst du nichts tun, um in Beziehung zu sein. Immer bist du davon ausgegangen, dass du etwas tun musst, um eine Beziehung zu haben. Nun ist es an der Zeit zu erkennen, dass du bereits in Beziehung bist. Und wenn du das weißt, bist du frei, zu sein, wer du bist. Dann musst du nichts mehr tun, um eine Beziehung zu haben. Dann bist du frei, aus dieser bereits bestehenden Beziehung heraus zu handeln und zu sein. Auf dieser grundlegenden Ebene, wo Beziehung ist, kannst du keine Beziehung verlieren. Du hast gar nichts zu verlieren – ausser der Beziehung zu dir selbst. Paradox? Nun, es gibt Beziehung im Inneren und Beziehung im Aussen. Und du hast in der

Regel die eine oder andere Beziehung über die andere gestellt. In der Regel hast du die Beziehung im Aussen über die Beziehung zu dir selbst gestellt. Und dich damit von dir getrennt. Nun gilt es zu erkennen – und dann auch zu erleben –, dass du Beziehung dann erlebst, wenn du in Beziehung bist zu dir. Dass die Beziehung zu dir Voraussetzung ist für die Beziehung im Aussen. Dann kommst du in deine Gegenwart. Die Gegenwart Gottes.

DIE GEGENWART

IN DER GEGENWART ist alles enthalten. In der Gegenwart bist du. In der Gegenwart ist Gott. Du bist in Gottes Gegenwart. Immer.

Das Wunderbare an der deutschen Sprache ist, dass Gegenwart zwei Bedeutungen hat. Die zeitliche Bedeutung des Jetzt und das Vorhandensein, das Gegenwärtigsein. In der Gegenwart erlebst du dein Gegenwärtigsein. In der Gegenwart begegnest du dir selbst.

Und in der Beziehung erlebst du die Gegenwart des anderen, indem du selbst gegenwärtig bist. Die Beziehung spiegelt dir deine Gegenwart.

Und wenn du die Gegenwart des anderen in dir spürst, spürst du, dass du in Beziehung bist.

Die Gegenwart als Voraussetzung für das Gegenwärtigsein. Nur in der Gegenwart kannst du Gegenwärtigsein erleben. Wenn du die Gegenwart verlässt, verlässt du deine Gegenwart, dein Gegenwärtigsein.

Dein Leiden entsteht primär dadurch, dass du die Gegenwart verlässt. Nun hast du allerdings im Laufe der Jahrhunderte gelernt, dass du voraus denken musst. Du hast das Verlassen der Gegenwart als Garant dafür erlebt, dass du überleben kannst. Deshalb fällt es dir so schwer, heute in der Gegenwart zu bleiben und zu sein. Es sitzt dir eine tiefe Angst im Nacken, dass du nicht überleben kannst, wenn du in der Gegenwart bleibst. Du als das Menschenkind hast gemeint, voraus schauen und sorgen zu müssen für dein Wohl. Und das hast du in einem gewisse Sinne auch geschafft und gemeistert.

Jetzt ist die Zeit gekommen, in die Gegenwart zurück zu kehren. Dir sozusagen die Gegenwart wieder zurück zu erobern. Dir dieses Geschenk der Gegenwart zu machen. Ja, ein grosses Geschenk. Das Geschenk der Gegenwart. Denn in der Gegenwart bist du immer gegenwärtig. In der Gegenwart kannst du niemals verlassen werden, verlassen sein. Das Verlassen geschieht immer in der Zukunft oder Vergangenheit. Alles Leiden ist eine Folge davon, dass du aus der Gegenwart trittst. Im doppelten Sinne. Aus der Gegenwart im Sinne des Jetzt und aus der Gegenwart im Sinne der grossen Gegenwart, der Gegenwart Gottes.

Gott lässt sich nur in der Gegenwart erleben. Das weißt du bereits, das ist dir nicht neu. Wir wollen es hier noch ein wenig ausführen, dich noch einmal dazu einladen, ganz in die Gegenwart einzutauchen.

Spürst du die Leichtigkeit, die sich in dir ausbreitet, wenn du dir erlaubst, ganz in der Gegenwart zu sein? Dann brauchst du dich um nichts mehr zu kümmern. Dann übergibst du alles »Gott«, dann bist du in dieser Gegenwart im doppelten Sinne, und diese Gegenwart sorgt für dich.

Wenn du in die Gegenwart eintauchst, ganz in die Gegenwart, dich ganz in die Gegenwart fallen lässt, sorgt sie für dich. Denn dann bist du verbunden. Mit der Gegenwart verbunden. Und das bedeutet, dass du »automatisch« das tust, was dir ermöglicht, weiterhin in der Gegenwart zu bleiben. Aus der Gegenwart folgt die Gegenwart folgt die Gegenwart. Und wenn sie aus sich selbst heraus folgt, dann gibt es nichts anderes mehr. Dann kannst du sie nicht mehr verlassen. Logisch, oder?

Du verlässt die Gegenwart, wenn du beginnst, die Gegenwart in die Zukunft zu projizieren. Wenn du dich von der Gegenwart trennst, um die Zukunft nach deinen Vorstellungen zu gestalten, verlässt du die Gegenwart. Dann entsteht eine Zukunft, die nicht verbunden ist mit dem Jetzt. Das macht Angst, unweigerlich, weil du in diesem Augenblick deine Gegenwart, die Gegenwart, verlässt und verlierst.

Angst ist somit die Folge davon, dass du die Gegenwart verlässt und verlierst. In diesem Verlassen und Verlieren ist ein aktiver und passiver Akt enthalten. Damit zeigen sich die beiden Facetten der Gegenwart. Die Gegenwart ist etwas, das du passiv erlebst und etwas, das du aktiv wählst. Die Gegenwart erfordert von dir eine Entscheidung. Mit der Entscheidung zur Gegenwart entscheidest du dich für die Gegenwart, für das Erleben der Gegenwart und damit für das Aussteigen aus dem Leiden.

In der Gegenwart bist du aufgehoben. Was bedeutet das? Aufgehoben, gehalten, getragen, verbunden. Du erlebst dich in der Verbindung zu allem, was du bist. Zu allem, was ist. Mit deiner Entscheidung zur Gegenwart wählst du, mit allem, was ist, verbunden zu sein. Es ist das Nicht-Verbundensein-Wollen, das dazu führt, dass du entscheidest, die Gegenwart zu verlassen. Wenn etwas geschieht, was für dich schwierig ist, verlässt du die Gegenwart. Das ist deine Möglichkeit als Mensch, dich zu trennen. Deinen freien Willen auszuüben. Indem du dich von dem, was ist, trennst. Nur kannst du dich nicht nur von einem Aspekt trennen, ohne Trennung als grundsätzliche Erfahrung zu erleben. Egal, wie klein der Aspekt ist, von dem du dich trennst, du wirst dich als getrennt erleben. Es gibt nur entweder getrennt oder nicht getrennt. Entweder bist du im Augenblick, in der Gegenwart, oder du bist es nicht.

Sprachen wir weiter oben vom Sowohl-als-auch, so sprechen wir hier vom Entweder-oder. Die beiden sind ebenfalls Facetten, wie könnte es anders sein, und sind Teil eines grösseren Ganzen, eines Zusammenspiels. Indem dir klar wird, dass es nur die Gegenwart oder die Nicht-Gegenwart gibt, erlebst du das Sowohl-als-auch.

Stell dir vor, es gäbe nur die Gegenwart. Kein »wenn ..., dann« mehr. Kein Hoffen auf eine Zukunft, in der alles anders ist. Kein Projizieren der Vergangenheit in die Zukunft. Stell dir vor, es gibt nur die Gegenwart. Nur das Jetzt.

In der Gegenwart erwartest du das Gegenüber, das, was dir entgegen kommt, das, was dir entspricht. In der Gegenwart gibt es das Gegen, das, was dir gegenüber ist, das, was dir begegnet. Als Wärter des Gegen bist du in der Gegenwart. Als Wärter bist du dir der Heiligkeit des Gegenübers bewusst, ist dir bewusst, dass du das Jetzt hütest. Und dieses Jetzt hat sich dir anvertraut. In der Gegenwart vertraut sich dir das Höchste an. Es vertraut sich dir an, und du kannst Ihm vertrauen. Du kannst dir vertrauen. Die Gegenwart schenkt dir Vertrauen.

Gegenwart verstanden als die Verbindung zum Jetzt.

Die Verbindung zu allem, was ist. Das ist nicht nur wichtig, sondern entscheidend. Sobald du einen Schritt weg tust von der Gegenwart, sobald du aus der Gegenwart heraus trittst, geht die Heiligkeit und damit das Erleben des Gegenwärtigseins verloren. Und damit auch die Heiligkeit im Sinne der Ganzheit, des Heilseins.

Die Gegenwart führt dich zu deiner Heiligkeit, zu deiner Heilheit, zu deiner Ganzheit. Und sie führt dich zum Heiland, zum Lande des Heils. Oder vielmehr macht sie dich zum Heiland. Zu dem Ort, an dem alles heil ist, ganz ist, weil alles ist.

Kannst du das verstehen? Kannst du spüren, was geschieht, wenn du zu diesem Ort wirst, in dem alles sein darf? Im Jetzt?

Natürlich weiss ich, Isis, wie schwierig es für dich ist, gegenwärtig zu sein in diesem Sinne. Das ist die Übung, die stetige Übung. Du hast etwas anderes eingeübt. Nun gilt es, dies zu üben. Im Bewusstsein, dass in der Gegenwart die grössere Gegenwart sich um dich kümmert. Man könnte auch sagen: in der Gegenwart wird es für dich möglich, gleichzeitig Kind und Vater oder Mutter zu sein. Gleichzeitig Menschenkind und Gottvater oder Gottmutter. Die Gegenwart als der Ort, die Qualität, die die Gleichzeitigkeit ermöglicht.

Du kennst es von deinen eigenen Kindern oder den Kindern in deiner Umgebung. Kinder sind ganz im Jetzt, sie machen sich keine Gedanken über die Zukunft. Sie können gar nicht anders. Sie können das, weil sie Eltern haben und mal ganz einfach davon ausgehen, dass sich jemand um sie kümmern wird.

DER VERSTAND

Der Teil, der dich aus der Gegenwart heraus nimmt und am meisten gefordert ist, wenn es darum geht, in der Gegenwart zu bleiben, ist dein Verstand, dein Denken. Dein Verstand ist es, der dich aus der Gegenwart holt. Mit dem Verstand nimmst du Abstand. Das war auch durchaus so geplant. Du musstest ja ein Werkzeug zur Verfügung haben, dank dem du die Einheit verlassen konntest. Einige Werkzeuge oder Dynamiken haben wir dir bereits beschrieben. Auch das Denken haben wir dir beschrieben. Hier kehren wir noch einmal zum Denken im Sinne des Verstandes zurück. Denken und Verstand sind nicht ganz das Gleiche. Das Denken kann durchaus zur Verbindung genutzt werden, der Verstand, so wie wir ihn hier definieren, nicht.

Wir könnten den Verstand so beschreiben, dass er dir ermöglicht, für kurze Zeit aus dem Jetzt, aus der Gegenwart zu treten, um innezuhalten, um die Zeit anzuhalten. Eine Pause sozusagen, in der du dir bewusst machen kannst, was gerade vor sich geht. Dies hast du, wie bereits gesagt, zur Genüge getan und geübt. Du hast deinen Verstand perfektioniert. Und auch das war Teil des göttlichen Planes, Teil des Weges, den du dir vorgenommen hast.

Der Verstand führt dich aus dem Augenblick und zwingt dich gleichzeitig auch, wieder bewusst in den Augenblick zurück zu kehren. Er macht dir bewusst, dass es so etwas wie Gegenwart gibt. Einmal mehr das Paradox. Indem dir ein Werkzeug gegeben wurde, dank dem du die Einheit, die Gegenwart, verlassen konntest, wurde dir erst bewusst, dass es diese Einheit, diese Gegenwart, gibt. Ist es nicht so, dass du vor allem dann leidest, wenn dein Verstand ins Spiel kommt? Dann beginnst du zu überlegen, dann kommen Strategien ins Spiel, dann trittst du ein in die Energie von »wenn …, dann«. Es ist die Energie auch der Kontrolle. Mit dem Verstand meinst du, du könnest und würdest gestalten. Und das tust du ja auch. Nur ist die Schöpfung, die du mit dem Verstand gestaltest, eine andere, als die, die du mit dem Herzen oder mit der Gegenwart und aus der Gegenwart heraus gestaltest.

Da der Verstand dich in die Polarität führt, ist die Schöpfung, die aus dem Verstand heraus geschieht, eine polare. Es ist nicht eine Schöpfung, die aus der Einheit stammt, sondern eine, die aus der Trennung von der Einheit stammt.

Auch hier können wir den Verstand nun neu nutzen. Du hast ihn erkannt als das Werkzeug, das es dir ermöglicht, aus der Gegenwart zu treten. Nun kannst du ihn erkennen als das Signal, das dich in die Gegenwart zurück führt – und, wenn angemessen benutzt, dir gleichzeitig ermöglicht, dich auf der Erde in der Polarität zu bewegen und zu handeln. Denn der Verstand ist das Instrument, das die Gesetze der Polarität wie keine andere Instanz kennt. Er ist sozusagen der Geist der Polarität. Die Essenz der Polarität. Also kann er dir zeigen, wie es auf der Erde »läuft«, was die Gesetzmässigkeiten des Polaren, Dualen sind. Wenn du ihn in diesem Bewusstsein einsetzt, dann kann er dir dienen. Dir dazu dienen, spielerisch mit der Polarität umzugehen.

Wichtig ist hier, auch das nicht neu, dass er DIR dient, und nicht umgekehrt. Wenn dir bewusst ist, dass der Verstand dir immer nur lineare Lösungen anbieten wird, weil das in seiner Natur liegt, dann hast du gewonnen. Dann hast du den Verstand im besten Sinne des Wortes in der

Hand. Du hast ihn in der Hand, und du hast es in der Hand, Gegenwart im Sinne der Einheit mit den Möglichkeiten der Zukunft im Sinne der gestalteten Dualität zu vereinen. Dann ist der Verstand das wunderbare Werkzeug, das er immer schon sein sollte.

Du siehst, wir plädieren nicht für eine vollkommene Aufgabe des Verstandes. Denn damit würden wir einmal mehr für die Aufgabe des Dualen plädieren, und damit die Aufgabe des Irdischen. Und das hatten wir schon, das wollen wir nicht mehr. Es soll ja das Irdische mit dem Himmlischen verbunden werden, und nicht zugunsten des Himmlischen aufgegeben werden. Die neue Verbindung, das neue Zusammenspiel.

Kehren wir noch einmal zum Verstand zurück. Wir haben den Verstand als den Geist des Dualen, des Polaren, definiert. Er ist es, dank dem du das Polare beherrschen kannst. Dank dem Denken, dank dem im Gehirn stattfindenden Denken kannst du die Polarität beherrschen im besten Sinne des Wortes. Und dank dem Fühlen, dem im Herzen stattfindenden Fühlen kannst du die Einheit beherrschen, im besten Sinne des Wortes. Wenn nun Denken und Fühlen, Hirn und Herz auf neue Weise zusammen spielen, dann hast du das Paradies auf Erden. Dann sind Himmel und Erde vereint und tanzen einen neuen Tanz.

Beide sind gültig und gleichwertig. Das kann nicht genug betont werden.

DER NEUE TANZ VON HERZ UND HIRN

KANNST DU DIR vorstellen oder, besser noch, spüren, oder beides (☺), wie es wäre, Lösungen aus diesem neuen Tanz heraus zu entwickeln bzw. entstehen zu lassen? Diesem neuen Tanz von Herz und Hirn als zwei absolut gleichwertigen und ebenbürtigen Partnern, die Meister ihres jeweiligen Fachs sind. Zwei Meister begegnen sich und gehen eine Verbindung ein. Der Meister der Einheit und der Meister der Dualität. Meister ist Meister, und deshalb ist schnell einmal klar, dass sich da zwei Ihresgleichen gefunden haben.

Und wenn nun zwei Meister miteinander tanzen – diese Grazie, diese Anmut, diese Vollendung, mit welcher sie zwei sind und dennoch eins werden. Diese höchste Kunst, mit welcher sie eins sind und dennoch zwei bleiben … und damit das Dritte kreieren.

Zwei Meister begegnen sich zum Tanz. Fühlen und Denken. Auch hier warst du immer hin und her gerissen, hattest das Gefühl, dich für das eine oder andere entscheiden zu müssen. Und nun die Einladung zum Tanze. Weil es den einen ohne den anderen nicht gibt. Weil es das Fühlen ohne Denken nicht gibt, weil es das Denken ohne Fühlen nicht gibt. Und wenn du den einen Aspekt von dir trennst, verlässt du die Gegenwart und trennst dich von dir selbst.

Wenn du in der Gegenwart bleibst, können beide miteinander tanzen. Und umgekehrt, wenn du beide als gültige und gleichwertige Partner eines Tanzes erkennst, kannst du in der Gegenwart bleiben. Dann musst du dich nicht mehr für den einen oder anderen Teil entscheiden.

Dieses »Modell«, das wir dir beschrieben haben, das Modell der Gleichzeitigkeit, der Gegenwart, der Beziehung, kann dir helfen, dich auch in deinen Beziehungen im Aussen zu orientieren. Denn, entsprechend der jetzigen Zeitqualität und dem göttlichen Plan, übst du dank und mit dem Aussen, was im Innern geschehen soll, und umgekehrt.

DAS NEUE MODELL DER BEZIEHUNGEN

WENN WIR EINMAL sehr vereinfacht davon ausgehen, dass das Polare-Duale dem Weiblichen entspricht und das Einssein dem Männlichen, wenn wir das Irdische dem Weiblichen und das Himmlische dem Männlichen zuordnen, so wird schnell einmal klar, dass die Beziehung zwischen Mann und Frau der Vereinigung dieser beiden Aspekte auch in dir dient. Bis jetzt hast du die Beziehung zum gegengeschlechtlichen Partner so gelebt, dass du ihm den Gegenpart überlassen hast. Du hast das Gegengeschlechtliche an den anderen delegiert, könnte man sagen. Und nun bist du eingeladen, beides in dir zu vereinigen: das Männliche mit dem Weiblichen, so dass sich dann zwei Ganze begegnen und nicht zwei Halbe, die erst dank und miteinander ganz werden.

So abstrakt gesehen etwas, was ihr euch sicher alle wünscht, weil es euch aus der Abhängigkeit vom anderen erlöst. Was das praktisch bedeutet, ist jedoch nicht immer klar und durchaus anspruchsvoll. Das wissen alle von euch, die diesen Weg bereits eingeschlagen haben. Und da kann dir der Verstand manchmal eine Falle stellen oder dich verwirren. Denn mit dem Verstand neigst du dazu, dich am Bekannten zu orientieren, und am Polaren, was in einem gewissen Sinne für viele von euch das Gleiche ist.

Nun ist diese Vereinigung aber etwas, was du so nicht kennst. Natürlich hat es schon Zeiten auf der Erde gegeben, wo so etwas wie Vereinigung gelebt wurde. Etwa in Lemurien, und zeitweilig auch in Atlantis. Doch wurde es nicht in dieser Qualität, mit dieser Qualität des Bewusstseins gelebt. Es war dir sozusagen einfach gegeben, geschenkt. Nun eroberst du es dir zurück, und die Erinnerung daran hilft. Dies ist mit ein Grund, warum Atlantisches und Lemurisches Wissen jetzt in bestimmten Kreisen boomen.

Gehen wir einmal davon aus, dass dies ein neuer Weg ist. Ein neuer Weg bedeutet, dass du ihn nicht kennst. Woran sollst du dich orientieren, wenn du den Weg nicht kennst? Wie gesagt, orientierst du dich auf deiner Erdenreise normalerweise an dem, was du kennst. Und nun bist du eingeladen, dich nicht mehr am Bekannten zu orientieren. Oder zumindest nicht so linear wie bisher. Könnte es sein, dass hier ein ähnlicher Übersetzungsprozess gefragt ist wie bei der Verbindung im Inneren?

Im Aussen hast du dein Gegenüber. Deinen Partner. Wenn es dir gelingt, deinen Partner mit einer neuen Neutralität zu »lesen«, dann kannst du von ihm wesentliche Informationen für deinen inneren Prozess beziehen. Voraussetzung dafür ist einerseits eine gewisse Neutralität, andererseits natürlich überhaupt die Bereitschaft, deine Beziehung in dieser Weise zu betrachten.

Wenden wir uns zunächst letzterem zu, da es in gewissem Sinne das Einfachere ist. Deine Bereitschaft: die Bereitschaft, die Beziehung zum gegengeschlechtlichen Partner zu sehen und zu erkennen als Weg zur Beziehung dieses Aspektes in dir selbst. Damit wird jede Beziehung, auch eine Liebesbeziehung, zu einer Beziehung mit dir selbst. Das hatten wir ja schon.

Ausgehend von diesem Prinzip geht es nun darum, das Gegenüber so wahrnehmen zu können, dass nicht nur alte Reaktionen in dir ausgelöst werden. Das ist die Herausforderung: das Verhalten des Gegenübers nicht mehr an den alten Massstäben zu messen, das Verhalten des Gegenübers nicht aufgrund bekannter Konzepte und Erfahrungen zu bewerten. Es stellt sich somit die Frage, woran misst du sein Verhalten? Wie kannst du dich orientieren, wenn nicht am Bekannten?

Der nächste Schritt auf diesem Weg ist der, dir bewusst zu werden, dass deine bisherige Optik eine gefärbte und keine neutrale war. Das allein ist schon ein grosser Schritt. Damit kann deine Reaktion relativiert werden, und reflektiert. Am Anfang wird es wahrscheinlich eine Weile dauern, bis du erkennst, dass du in einer alten Reaktion bist. Und nicht nur das: es wird auch eine Weile dauern, bis du bereit bist, diese alte Reaktion aufzugeben. Denn darin fühlst du dich daheim, das ist dir vertraut. Gut.

Fassen wir zusammen: der erste Schritt ist die Bereitschaft, die Beziehung zum gegengeschlechtlichen Partner zu erkennen als einen Weg zur Beziehung zum gegengeschlechtlichen Teil in dir. Die Beziehung zu deiner Frau ist für dich als Mann die Möglichkeit, die Beziehung zu deiner inneren Frau zu heilen, und die Beziehung zu deinem Mann ist für dich als Frau die Möglichkeit, die Beziehung zu deinem inneren Mann zu heilen.

Der nächste Schritt ist der, dir klar zu machen, dass du bis jetzt dein Gegenüber nach deinen eigenen Massstäben gemessen hast. Du hast als Frau den Mann aus weiblicher Sicht be- und verurteilt, und du hast als Mann die Frau aus männlicher Sicht be- und verurteilt. Kein Wunder, waren die Beziehungen bis jetzt eher Kampf als Tanz.

Ist dir klar geworden, dass es um eine neue Sichtweise im Sinne der Neutralität geht, so öffnest du dich für die Möglichkeit, deinen Partner neu zu sehen. Neugierig zu werden. Der nächste Schritt ist die Neugier. Neugier als neutrale Kraft. Du gehst ganz einfach einmal davon aus, dass du nicht weißt, was dein Gegenüber wirklich motiviert und zu seinem Verhalten antreibt. Dann bist du frei von Projektionen, Vorstellungen, die du ihm oder ihr überstülpst.

Mit dieser Neugier gehst du an die Beziehung heran.

Und: das alles kannst du, weil du weißt, dass die Beziehung ist. Du brauchst für die Beziehung nichts zu tun. Im alten Sinne.

Schauen wir uns nun einmal die Dynamik der beiden Geschlechter genauer an. Das Männliche hatten wir der Einheit zugeordnet, das Weibliche dem Polaren, Irdischen. Oder anders gesagt: das Männliche lebt im Bewusstsein des ICH BIN, es orientiert sich an sich selbst. Es stellt sich selbst in den Mittelpunkt, nach dem Motto: es gibt nur mich, ich bin alles. Das ist das Bewusstsein des Schöpfers, der sich bewusst ist, dass er schöpft und alles gestaltet.

Das Weibliche kennt sich nur in der Dualität, in der Beziehung, als Geschöpf, als Du. Es ist die Qualität, die stets beide Seiten sieht, beide Seiten kennt. Für das Weibliche gibt es eigentlich immer das Du in Bezug zum Ich.

Wie ihr wisst, sind beide Qualitäten notwendig, und die Frau ist eingeladen, ihr ICH BIN zu entdecken, der Mann ist eingeladen, das Du im Sinne seiner Beziehungsfähigkeit zu entdecken. Dies tun sie miteinander in ihrer Partnerschaft.

Für das Weibliche ist es die grösste Herausforderung, sich selbst in den Mittelpunkt zu stellen, während es für das Männliche die grösste Herausforderung ist, sich ganz auf ein Du einzulassen und sein Ich »zurück« zu stellen. Dies ist die Einladung, sehr vereinfacht ausgedrückt.

Wenn wir vom Weiblichen und Männlichen sprechen, so ist damit das Prinzip gemeint, und jeder Mensch ist sozusagen eine Mischung aus diesen Prinzipien mit verschieden starken Anteilen.

Ein weiterer wichtiger Aspekt ist der: da das Männliche im Bewusstsein der Einheit lebt, ist es sich auf einer fundamentalen Schicht keiner Trennung bewusst. Oder anders gesagt: es versteht nicht, dass für eine Beziehung etwas »getan« werden muss. Das Männliche kennt das Prinzip der Beziehung nicht. Das Männliche »ist« ganz einfach Liebe« und fragt sich drum, warum es dies denn immer kundtun muss. Während das Weibliche sich primär als in Beziehung erlebt, und erst dank der Reflektion über das Du zu seinem Ich findet, also auf das Feedback des anderen angewiesen ist. Es braucht das Du, um zum Ich zu kommen.

Der Weg des Mannes ist der vom Ich zum Du, der Weg der Frau ist der vom Du zum Ich.

Als Bild könnten wir es so beschreiben: Das Weibliche muss sich selbst in den Mittelpunkt stellen. Während das Männliche sich als den Mittelpunkt verlassen muss. Der Weg ist somit diametral entgegengesetzt.

Damit das alles nicht im totalen Chaos endet, gibt es natürlich einen inneren Anhaltspunkt in beiden. So kennt der Mann das Weibliche im Inneren, und die Frau das Männliche im Inneren.

Eine der grössten Herausforderungen ist die, dem Anderen neutral zu begegnen. Offen zu sein für das Neue. Dies kann gar nicht genug betont werden, denn damit steht und fällt die Bereitschaft und Fähigkeit, diesen Teil in sich anzunehmen und zu integrieren.

Ein Beispiel hierfür ist die Verbindlichkeit bzw. Unverbindlichkeit. Das Weibliche ist in der Regel verbindlich, das Männliche unverbindlich. Wenn nun die Frau die Liebe des Mannes an dieser Verbindlichkeit misst, wird sie ihm nicht gerecht. Denn der Mann muss seine Verbindlichkeit erst entdecken. Dies hat er bis jetzt kompensiert, indem er den Erwartungen der Frau entsprochen hat und ihr die Verbindlichkeit sozusagen vorgespielt hat. Und gleichzeitig hat die Frau ihren freiheitlichen Aspekt an den Mann delegiert. Sie hat sich sozusagen auf die Verbindlichkeit reduziert und ihre Freiheit, wenn überhaupt, ebenfalls gespielt. Nun haben beide Seiten die Möglichkeit, den Gegenpol zu integrieren.

Die Frau darf mit ihrer Verbindlichkeit oder Bezogenheit im Sinne ihrer urweiblichen Qualität nun ihren freiheitlichen Aspekt, ihre Ich-Zentriertheit kennen lernen. Und der Mann darf mit seiner Freiheit und Ich-Bezogenheit im Sinne seiner urmännlichen Qualität nun seinen Beziehungsaspekt, seine Du-Bezogenheit kennen lernen.

Sobald jeder seinen gegengeschlechtlichen Aspekt zu sich genommen hat, befreit er sein äusseres Gegenüber von der Notwendigkeit, ihm diesen Aspekt zu spiegeln. Dann entsteht Freiheit. Das alles, wie gesagt, im Kontext des Bewusstseins, dass die Beziehung ist. Auch die Beziehung zu deinem Partner. Dass du nichts zu verlieren hast. Erst dann wirst du frei, nicht nach alten Mustern zu handeln. Und ihn nicht nach alten Mustern zu bewerten.

Das mag phasenweise so aussehen, als würdest du ganz auf eine Beziehung im Aussen verzichten. Als würdest du jede Form von Beziehung aufgeben. Wichtig und hilfreich ist in diesen Phasen, das Bewusstsein zu nähren, dass du dennoch in Beziehung bist. Wenn auch nicht immer in der dir bekannten Form. Wir könnten auch sagen: immer wieder musst du die dir bekannte Form von Beziehung verlassen, und manchmal fühlt es sich an wie ein Tod.

Die Form löst sich auf, um sich, um dich zu transformieren. Die Form löst sich auf. Die Form von Liebesbeziehungen, Partnerschaften … Viele Menschen leben heute mit ihrem Ehepartner eine Freundschaft, ohne Sexualität. Andere wählen mehrere Beziehungen, wieder andere, vor allem die Frauen, wählen das Alleinsein. Das alles ist nicht einer neuen Unfähigkeit zur Beziehung zu zuschreiben. Im Gegenteil: es ist die Ankündigung und der Beginn einer neuen Ära der Beziehung. **Nämlich der Beziehung zu sich selbst.**

Friede kann nur dann gelebt werden, wenn er im Inneren herrscht. Der Kampf der Geschlechter hat nur dann eine Chance, in einen Tanz der Geschlechter verwandelt zu werden, wenn jeder Mensch für sich diese beiden Aspekte oder Facetten erlöst hat. Wenn jeder Mensch erkennt, dass er, wenn er das Gegengeschlecht diskriminiert, abwertet oder ausgrenzt, letzten Endes einen Teil von sich selbst ausgrenzt und diskriminiert.

Das möchten wir dir ganz besonders ans Herz legen: alles, was du wertest, gehört zu dir. Alles, was du bekämpfst, gehört letzten Endes zu dir. Alles, was du liebst, gehört zu dir.

Und deshalb kann es dich nicht wundern, wenn nun endlich mit dieser uralten Vorstellung aufgeräumt wird, dein Christus habe zölibatär gelebt, Dein Christus habe ein Leben ohne das Weibliche gelebt.

Die Zeit ist gekommen, das Weibliche und das Männliche wieder zu vereinen. Das ist der Weg, den Christus dir gewiesen hat. Und diesen Weg nun in deinem Inneren zu vollziehen, dazu kommt Christus wieder zu dir. Das ist seine Wiederkunft.

ICH, DEIN CHRISTUS

ICH, DEIN CHRISTUS, melde mich wieder zu Wort. Zunächst einmal danke ich dir für deine Bereitschaft, mit mir so weit gegangen zu sein. Mit mir und mit Isis, die in mir wirkte und mit mir wirkt. Danke für deine Bereitschaft, mich in dir zu empfangen und dich für meine Botschaft zu öffnen.

Danke für deine Bereitschaft, dich für deine eigene Grösse zu öffnen und die Möglichkeit in Betracht zu ziehen, dass ich auch in dir lebe. Immer schon gelebt habe und immer leben werde.

Danke, dass du mir ermöglichst, in deiner Gegenwart zu sein. Danke, dass du dir ermöglichst, in meiner Gegenwart zu sein. Danke, dass du UNS ermöglichst, miteinander zu sein. Eins zu sein. Und uns gegenseitig zu erkennen.

Isis hat dich auf dieser Reise zu mir begleitet und angeleitet, und wird es weiterhin tun. Nicht immer wirst du es wahrnehmen, als wahr zu dir nehmen. Doch wisse ganz einfach, dass es so ist.

Ich möchte noch ein Wort zu Maria Magdalena, meiner geliebten Gefährtin auf Erden, sagen, da dies für dich so ein aktuelles Thema ist. Ja, ich habe Maria Magdalena geliebt, wie Mann eine Frau liebt. Ich habe sie als Mann geliebt und wir haben uns als Gott und Göttin geliebt. Was die Kirche daraus gemacht hat, ist eine ganz andere Sache.

Ich möchte dich ermutigen, dir das Weibliche zurück zu erobern, ob als Mann oder als Frau. Es ist an der Zeit zu erkennen, dass ohne das Weibliche gar nichts geht. Das gilt für alle Menschen und es gilt für die Erde. Wenn der Mann nicht das Weibliche in sich entdeckt, ist er verloren. Und wenn die Frau nicht zu ihrer Weiblichkeit steht, kann der Mann sein Weibliches nicht ent-decken. Der Mann braucht die Frau und die Frau muss den Mut haben, zu ihrer Wahrheit zu stehen. Und diese Wahrheit kann sie nur in ihrem Innersten entdecken. Dabei kann ihr der Mann nur indirekt helfen.

Die Frau kann sich nicht länger am Mann orientieren, so wie sie es sich gewohnt ist. Die Erlösung der polaren Schöpfung vollzieht sich über das Weibliche, so wie das Verlassen der Einheit sich über das Weibliche vollzogen hat. Nicht, weil das Weibliche damals schlecht war und heute gut, sondern ganz einfach, weil es in der Natur des Weiblichen liegt. Du hast vorhin gehört, dass das Weibliche das Prinzip der Beziehung kennt, das Männliche nicht. Darum geht es nun: Die Einheit des Ursprungs mit der Zweiheit der polaren Schöpfung zu verbinden, sie so in Beziehung zu setzen, dass sie sich als Facetten des Gleichen erkennen und miteinander Hochzeit feiern. Hohe Zeit. Die Hohe Zeit der Vereinigung.

Das Weibliche weist den Weg, weil das dem Prinzip des Weiblichen entspricht. Und so ist es an der Zeit, jede Wertung in Bezug auf dieses Weibliche aufzugeben, auf jede Wertung zu verzichten und es als das anzunehmen, was es ist.

Umgekehrt ist es auch an der Zeit, dass das Weibliche auf jede Wertung in Bezug auf das Männliche verzichtet. Das Männliche, das in den Augen des Weiblichen zu keiner Beziehung fähig ist. Das Männliche, das um sich selbst kreist. Es ist Zeit, das Männliche als das anzunehmen, was es ist.

Erkenne, dass diese beiden Prinzipien, das Ich und das Du, einander bedingen und brauchen, und keines besser oder schlechter ist. Dann erkennst du dich als das Wesen, in dem beides lebt. Das ist meine Botschaft an dich: dass beides in dir lebt, das Ich und das Du. Gottvater und Gottmutter leben in dir als Mensch in einer wunderbaren, einmaligen Vereinigung. Du bist diese Vereinigung, und wenn du dir erlaubst, nun diese Vereinigung zu erleben, so vollzieht sich der göttliche Plan und die Schöpfung wird zum Frieden geführt.

Dann kann der uralte Kampf aufhören und der Frieden beginnen. Ein neuer Friede zwischen den Geschlechtern. Ja, ich wage zu behaupten, dass es dieser Kampf ist, der für jeden Kampf auf Erden verantwortlich ist. Es ist der uralte Kampf der Geschlechter in all seinen Variationen.

Du, Mann, versöhne dich mit dem Weiblichen, das dich aus der Einheit des Paradieses führte. Und du Frau, versöhne dich mit dem Männlichen, das dir das Leben auf der Erde so schwer macht und dir bis jetzt nur widerwillig folgte. Nehmt euch an der Hand wie Geschwister, wie Freunde, die ihr im Grunde seid. Nehmt euch an der Hand und feiert den neuen gemeinsamen Weg.

Es ist dies vorläufig noch vorwiegend ein innerer Weg. Die Vermählung findet zuerst in deinem Inneren statt. Dann erst kann sie auch im Aussen stattfinden. Und dennoch wirst du auf deinem Weg immer wieder Augenblicke der Vermählung, der Freundschaft, des Herzens, auch im Aussen erleben. Suche sie jedoch nicht im Aussen, sonst wirst du enttäuscht.

Ja, der Weg führt über das Innere. Du weißt es, und dennoch fällt es dir immer wieder schwer. Er führt über das Innere und das Äussere, um genau zu sein. Aber in dieser paradoxen Weise, die wir dir hier beschrieben haben, Ich und Isis. Das Äussere gibt dir sozusagen den Impuls nach Innen. Die Orientierung findet im Inneren statt.

Ich wiederhole: nehmt Euch an der Hand, erkennt eure Gleichwertigkeit und lernt voneinander. Werdet neugierig, ganz in der Gegenwart, ganz im Jetzt und erforscht diesen neuen Christusweg, den ich euch anbiete. Dieser Weg führt euch in die Freiheit der Liebe. Einer Liebe, wie du sie bis jetzt nicht gekannt hast. Einer Liebe, bei der du ganz sein darfst, wer du bist.

Die Liebe in Freiheit, ohne jede Bedingung, so wie Gott dich liebt und immer geliebt hat. So wie die Göttin dich geschaffen hat. Das ist die Verheissung, das ist das Potential. Du trägst es in dir und bist ihm schon ganz nah. Erlaube dir, danach zu greifen, indem du neugierig wirst und es für möglich hältst.

Benutze die Begrenzung, um deine Grenzenlosigkeit zu erleben. Benutze das Männliche, um das Weibliche zu offenbaren. Benutze das Weibliche, um das Männliche zu gebären. Benutze die Erde, um den Himmel zum Leben zu erwecken. Benutze die Zeit, um in die Zeitlosigkeit zurück zu kehren. Benutze alles, was dir zur Verfügung steht, um zu erkennen, dass das alles DIR zur Verfügung steht. Es steht dir zur Verfügung, weil du der Schöpfer, die Schöpferin, bist.

Erkenne in allem deine Schöpfung, deine von dir auf geniale Weise gestaltete Schöpfung, die dich wieder zurück zu dir, zurück zu mir führt. Erkenne, dass wir eins sind, du und ich. Wie sonst könntest du mir folgen, wie sonst könntest du mich hören. Wie sonst könnte sein was ist? Wie sonst könntest DU SEIN?

ERKENNE DICH SELBST

ERKENNE DICH SELBST, und du wirst erkannt. Erkenne dich selbst, und die Schöpfung erkennt dich als ihren Schöpfer, ihren Meister. Erwache zu dir in deiner Meisterschaft. Ich bin dein Meister. Ich bin der Meister in dir.

Lass uns die Erde zu ihrer Meisterschaft führen. Lass uns unsere, deine und meine, geliebte Mutter Erde zu ihrer wahren Bestimmung führen und sie zu ihrem Potential erlösen. Lass die Erde, und damit das Weibliche, zu dem werden, was sie schon immer sein wollte und sollte: der Ort der Vereinigung, der Schoss für die Hochzeit. Lass die Erde zum Ort der Liebe werden. Lass das Weibliche mit ihr die Liebe in Freiheit gebären, und so den Himmel von seiner

Einsamkeit erlösen. Dann können auch Himmel und Erde Hochzeit feiern. Dann feiern dank dir als Mensch auch Himmel und Erde ihre Vereinigung.

Du, Mensch, bist auserwählt, das Unmögliche möglich zu machen, und die Pole von ihrer Einsamkeit zu erlösen. Dank deiner Liebe, der Liebe, die dich hat diesen Weg gehen lassen, erlöst du alle Schöpfung und führst sie in die neue Vereinigung von Bewusstsein und Liebe: bewusste Liebe. Liebe, die sich selbst erkannt hat. Liebe, die sich geteilt hat, um sich zu erleben. Das ist deine Bestimmung als Mensch: der Liebe zu ermöglichen, sich zu teilen, um sich so zu erkennen und zu vervielfachen.

Erwache zu deiner eigenen Liebe, die diesen ganzen Weg erst möglich gemacht hat. Der Weg, den du gehst und gegangen bist, war nur dank deiner Liebe möglich. Dank deiner bedingungslosen, hingebungsvollen unendlichen Liebe. Für diese Liebe danken wir dir, Ich Christus und meine geliebte Flamme Isis.

Erwache jetzt zu der Wahrheit, dass wir dank dir überhaupt sind. Erwache zu der Wahrheit, dass nur dank dir Schöpfung existiert. Erwache zu der Wahrheit, dass du die Liebe bist. Du, und nur du.

In Liebe, dein Christus
In tiefster Freude, deine Isis

Ich, Isis, möchte noch auf mein Werk hinweisen, das ich in Zusammenarbeit mit Tina gestalte. Es ist ein Werk, das dir auf wunderbare Weise das Erleben der Vereinigung ermöglichen kann.

Weitere Informationen zu diesem Werk unter
www.nenergetics.com oder bei der Autorin:
Tina Lüscher-Richter
8134 Adliswil
079 628 60 82

Tina Lüscher-Richter wurde 1955 in London geboren und wuchs in verschiedenen Ländern mehrsprachig auf. Entsprechend wählte sie ihren ersten Beruf als Dolmetscherin und Übersetzerin.

Durch ihren Beruf kam sie in Kontakt mit vielen verschiedenen Richtungen spiritueller, therapeutischer und psychologischer Arbeit und erwarb sich ein grosses Wissen auf diesen Gebieten. Gleichzeitig verband sie über die Kunst die innere mit der äusseren Welt. Nun »übersetzt« sie die Sprache der geistigen Welt in die Sprache der menschlichen Welt und verbindet sie über die energetisch-künstlerische Ebene.

Ihrem Werk, das sie seit über 10 Jahren in Zusammenarbeit mit ihrer geistigen Quelle (insbesondere Isis) gestaltet, gab sie den Namen NENERGETICS – ein Werk, das laufend erweitert wird im Einklang mit dem kosmischen Geschehen. Dazu gehören verschiedene Kartensets und Bücher. Tina Lüscher-Richter vermittelt ihr Wissen in Einzelsitzungen und Kursen.

DAS NENERGIE-KARTENSET
Ist ein Arbeitsset mit 42 Bildkarten und Begleitbuch

Die Bilder sind, ganz im Sinne der sie gestaltenden Kraft ISIS, gestaltete Verbindung. Sie wirken unmittelbar aufs Nervensystem – den Ort, wo die Verbindung sattfindet – und helfen, alte Muster zu neutralisieren und so die Mitte zu erleben. Sie unterstützen den hier beschriebenen Weg so, dass das Gesagte unmittelbar im Körper und in den Gefühlen erlebt werden kann. Ideal als Ergänzung für die therapeutische Praxis oder den privaten Alltag.

Es werden Kurse angeboten, in denen u.a. die Möglichkeiten erforscht werden und eine ISIS-Einweihung stattfindet.

Weitere Informationen und Bestellung bei Tina Lüscher-Richter (oder im Buchhandel). ISBN 3-9522560-0-5